浙江省电视气象节目服务手册

主编 马辛宇

内容简介

本书作者从工作实践出发,借鉴各地气象影视发展的宝贵经验并结合观众的反馈,对电视气象节目进行了定义及分类,分析了国内外电视气象节目现状,从气象节目的包装设计、制作流程、策划选题、文稿撰写、主持人语言、化妆服装、新闻报道、现场拍摄、质量评价等方面进行了详细解析。本书可供气象影视服务从业人员在业务工作中参考使用。

图书在版编目(CIP)数据

浙江省电视气象节目服务手册/马辛宇主编.
—北京:气象出版社,2013.8
ISBN 978-7-5029-5758-2

Ⅰ.①浙… Ⅱ.①马… Ⅲ.①气象-电视节目制作-浙江省-手册 Ⅳ.①G222.3-62

中国版本图书馆 CIP 数据核字(2013)第 187397 号

浙江省电视气象节目服务手册

出版发行:	气象出版社		
地　　址:	北京市海淀区中关村南大街 46 号	邮政编码:	100081
总 编 室:	010-68407112	发 行 部:	010-68409198
网　　址:	http://www.cmp.cma.gov.cn	E-mail:	qxcbs@cma.gov.cn
责任编辑:	陈　红	终　　审:	赵同进
封面设计:	博雅思企划	责任技编:	吴庭芳
责任校对:	石　仁		
印　　刷:	中国电影出版社印刷厂		
开　　本:	889 mm×1194 mm　1/32	印　　张:	3.75
字　　数:	93 千字		
版　　次:	2013 年 8 月第 1 版	印　　次:	2013 年 8 月第 1 次印刷
定　　价:	24.00 元		

本书如存在文字不清、漏印以及缺页、倒页、脱页等,请与本社发行部联系调换

《浙江省电视气象节目服务手册》
编委会

主编单位：浙江省气象服务中心

主　　编：马辛宇

编　　委：程　莹　范　蕾　王　轶　郭　帆
　　　　　赵琮奇　王金欣

校　　对：王叶仙　胡映君　王依丽

序　言

电视气象节目是收视率最高的电视节目之一,是民生气象的服务窗口,是现代气象的展示平台。自20世纪末以来,浙江省电视气象节目在上级的精心指导和气象工作者的共同努力下,经过十余年的发展完善,已经成为公共气象服务、预警信息发布、防灾科普宣传的重要手段,成为展示气象形象、传播气象文化的重要载体,得到了人民群众的普遍认可和广泛欢迎,产生了良好的经济社会效益。为进一步提高电视气象服务水平,更好地通过电视的艺术手段和表现形式展示出更加丰富、实用的气象信息,浙江省气象服务中心专门组织科技人员对多年以来电视气象服务技术进行了归纳梳理和总结凝练,形成了《浙江省电视气象节目服务手册》(以下简称《手册》)。相信《手册》的出版,必将为基层电视气象节目的制作提供很好的借鉴,也将进一步提升浙江气象部门电视气象服务的整体水平,更好地宣传气象、服务民生。

千方百计满足千家万户(各行各业)对千变万化的气象信息的需求是气象部门的根本宗旨。衷心希望广大电视气象服务工作者牢牢把握公共气象的发展方向,牢固树立民生气象的服务理念,充分利用电视气象节目收视率高、覆盖面广、时效性强、通俗便捷等特点,不断丰富电视气象节目内容,提升制作水平,创新表现形式,提高节目质量,更好地发挥电视气象节目在服务经济发展、社会进步以及民生和谐中的重要作用。

值此《手册》出版之际,谨向在编写过程中给予大力支持、悉心指导的领导专家和付出辛勤劳动的科技人员表示衷心的感谢!

浙江省气象局局长

2013 年 6 月

前　言

影视气象服务是公共气象服务的重要组成部分,是气象防灾减灾和气象科普宣传的重要平台,更是连接气象部门与社会公众的重要桥梁。

1997年以来,浙江气象影视工作从无到有,从省气象局延伸到市县气象局,从无主持人节目发展到有主持人节目,从《天气预报》栏目发展到气象服务栏目、气象科普专题片,从预报信息到气象新闻……服务的内容都越来越丰富,服务形式和手段也越来越多样化。发展至今,电视气象节目不仅成为向社会公众提供气象信息的重要手段,同时也成为展示气象科技、树立气象形象、扩大气象影响的重要渠道,成为社会公众了解气象工作的最直接、最重要的窗口。

浙江省气象服务中心经过几年的探索,从工作实践出发,借鉴各地气象影视发展的宝贵经验并结合观众的反馈,编写了这本《浙江省电视气象节目服务手册》(以下简称《手册》)。《手册》包含了气象影视电视气象节目的定义及分类,分析了国内外电视气象节目的现状,介绍了电视气象节目的制作方式、流程以及人员要求,对气象节目和气象新闻的相关要求进行了详细解析。同时,介绍了节目质量评价体系，内容较为全面系统，可供气象影视服务人员在业务工作中参考使用。当然，气象影视的形式和内容没有陈规可寻，更没有"权威"加以限制。气象影视多元化是不变的主题，不断创新是我们永恒的活力源泉。

在本书编写过程中，我们得到了中国气象局公共气象服务中心、浙江省气象局有关领导和专家的关心、支持和帮助。浙江省气象局局长黎健亲自为本书作序，中国气象局公共气象服务中心副主任毛恒青，浙江省气象局领导苗长明、王仕星、王东法以及应急减灾处朱菊忠处长等对《手册》的编写给予了诸多指导。浙江省气象服务中心多次组织专家对《手册》进行讨论。浙江省气象台、浙江省气候中心、浙江省气象科学研究所、浙江省气象信息网络中心、杭州市气象局等有关单位领导和专家对《手册》提出了许多针对性的意见和建议。浙江省气象服务中心《手册》编写组认真进行资料收集、归纳分析、总结等工作，付出了艰辛的劳动。借此机会，谨代表浙江省气象服务中心向关心、支持、参与《手册》编写的各位领导和专家表示衷心的感谢！

由于我们水平有限，书中错漏和不妥之处在所难免，恳请各位同行批评指正。

浙江省气象服务中心主任 杨忠恩

2013年6月

目　录

序言
前言
第1章　概　述 …………………………………………（1）
　1.1　电视气象节目的定义 ……………………………（1）
　1.2　国内电视气象节目现状 …………………………（2）
　1.3　国外电视气象节目现状 …………………………（3）

第2章　节目分类 ………………………………………（5）
　2.1　天气预报 …………………………………………（5）
　2.2　气象资讯 …………………………………………（8）
　2.3　气象新闻 …………………………………………（11）
　2.4　气象科普 …………………………………………（12）

第3章　节目制作 ………………………………………（14）
　3.1　电视气象节目的制作方式 ………………………（14）
　3.2　电视气象节目的制作流程 ………………………（15）
　3.3　电视气象节目的包装 ……………………………（17）
　3.4　电视气象节目的场景设计 ………………………（21）
　3.5　电视气象节目的版面制作 ………………………（22）
　3.6　电视气象节目设计制作的注意事项 ……………（27）
　3.7　气象影视素材的管理 ……………………………（28）

3.8　电视气象节目人员编制 ………………………………… (34)

第 4 章　节目策划 ……………………………………………… (36)
　　4.1　气象节目策划人员应具备的基本素质 ………………… (36)
　　4.2　节目策划与选题 ………………………………………… (38)
　　4.3　节目文稿的基本要求 …………………………………… (50)
　　4.4　各类天气信息的文稿表现方式 ………………………… (52)

第 5 章　主持人 ………………………………………………… (60)
　　5.1　气象节目主持人的语言特色 …………………………… (60)
　　5.2　气象节目主持人的外形包装技巧 ……………………… (65)
　　5.3　气象节目主持人与画面搭配注意事项 ………………… (70)
　　5.4　气象节目主持人的气象素养与策划、编稿能力
　　　　要求 ………………………………………………………… (72)
　　5.5　主持人的现场直播素质培养 …………………………… (74)
　　5.6　气象外景主持人能力锻炼 ……………………………… (75)

第 6 章　气象新闻业务 ………………………………………… (78)
　　6.1　电视气象新闻的分类 …………………………………… (78)
　　6.2　各类新闻资讯的报道标准 ……………………………… (81)
　　6.3　现场报道的基本要求 …………………………………… (95)
　　6.4　电视气象新闻采编流程 ………………………………… (99)

第 7 章　节目质量评价 ……………………………………… (101)
　　7.1　电视气象节目评价原则 ………………………………… (101)
　　7.2　电视气象节目评价方法 ………………………………… (102)
　　7.3　北京华风气象传媒集团质量评价方法介绍 …………… (104)
　　7.4　浙江电视气象节目质量评价方法介绍 ………………… (105)

参考文献 ……………………………………………………… (109)

第1章 概 述

1996年中国气象局《关于进一步加强电视天气预报工作的通知》中明确指出:"电视天气预报是通过现代化电视新闻媒介,向各级党政领导机关及有关部门提供部署防灾减灾、保护人民生命财产所需的重要决策信息,是气象部门深入开展公众气象服务、满足广大人民群众生活需求的重要方面。公众气象服务是利用社会传媒向社会公众提供的天气预报、警报的气象信息服务。"气象部门通过电视气象节目为社会公众提供服务,提高防灾减灾能力,保护人民生命财产安全。电视气象节目肩负着公众气象服务中两方面的任务:一方面要从规范社会公众的防灾减灾行为着手,发布预报预警信息,积极宣传提高安全意识,使全社会在气象灾害到来之际都能采取自觉、科学、规范的防灾避灾行动;另一方面,要从提高全民生活水平着手,制作更加贴近人民生活、通俗易懂的气象科技服务类电视节目。因此,电视气象节目是公众气象服务的重要表现形式,是气象服务体系的重要组成部分,标志着气象业务服务和科技水平。

1.1 电视气象节目的定义

电视气象节目是气象科学与电视制作技术、通信传输技术等结合的产物。它以电视这种现代化信息传播媒介为载体,为公众提供日常生活所需的气象信息。它不仅是气象科学为公众服务的重要渠道,同时,作为不可缺少的电视节目形态的一种,它在丰富的科技信息内涵之外,也是具有电视新闻价值的服务性节目。

电视气象节目是集气象、电视、计算机、数据通信以及传播技术为一体的公众气象服务手段。服务性是电视气象节目的本质。随着社会的发展,受众对气象服务的需求增长,促使电视气象节目的外延和内涵不断变化。节目内容从最初单一的天气预报发展到气象信息服务,涉及气象以及与其相关的交通、旅游、农业、体育等各类信息。

1.2 国内电视气象节目现状

1980年7月,国家气象局与中央电视台合作,推出了第一版电视天气预报节目,是中国第一次在电视上播放天气预报节目,实现了电视天气预报"零的突破",从此气象服务正式与电视媒体结缘。随着社会经济的逐步发展和人们对生活质量要求的不断提高,电视气象节目已经成为大众获取气象信息的主要手段,电视气象节目本身也不断发展壮大,从原来的只有电视天气预报节目,发展到具有气象资讯、气象新闻、科普专题等多种表现形式的电视节目。电视制作技术、设备不断改进,气象节目的质量大幅提高。由于电视气象节目的贴近性、服务性的特点,使其成为电视常规化的服务,每日播出次数、节目时长和预报时效都在加强,截至2011年底,全国31个省(区、市)气象局制作的电视天气预报节目,分别在200多个频道播出;300多个地级市制作的气象节目在333个频道播出,1500多个县(市)制作的气象节目在1700多个县级电视频道播出。华风气象影视信息集团制作的电视天气预报节目在央视和境内外卫视的27个频道播出,全年节目制作播出量达到6941小时。气象部门还建成了24小时播出的中国气象频道,截至2012年12月已在31个省(区、市)的311个地级以上城市实现落地,用户数达约7000万户。气象影视信息服务成为公众了解气象信息的第一平台。1997年1月1日,浙江的气象节目主持人正式与全国的电视观众见面。

第1章 概 述

浙江气象影视由此起步,以"精品化"、"差异化"为发展目标,以"可看性、贴近性、服务性、权威性"为节目定位,随着制作技术的不断提高,服务内容多元化的实现,浙江电视气象节目逐步显现出鲜明的地域特色。经过持续的节目改进,节目收视率不断提高,从央视索福瑞的收视调查来看,浙江8个省级电视频道的气象栏目收视排名位居前列,引起电视同行的关注。浙江卫视一度提出了以气象节目的多点位播出来带动"卫视新闻联播"收视的想法。

经过17年的不懈努力,浙江电视气象节目取得了突破性进展。气象节目制作水平不断提高;社会满意度明显提升;在全国电视气象节目观摩评比活动中浙江参赛的节目多次获奖;构建了"平等、合作、互尊、共赢"的合作格局。气象节目在省级电视频道实现了高频次、多时段、全覆盖,基本实现"一台一品一特色"的局面,各频道收视率稳定进入各自办栏目前五名,形成了稳定的收视率和收视群体,服务范围越来越广,影响力度越来越强,对浙江社会民生的贡献也越来越突出,电视天气节目已经成为政府防灾减灾和百姓获取气象服务信息的主要渠道。

1.3 国外电视气象节目现状

欧美发达国家电视业发展成熟,其电视气象节目已是类型多样、富有个性的电视产品,节目具有专业性强、视频资料丰富、主持人个性突出等特点。在国外,气象信息的播报频率相当高,美国CNN电视台每20分钟播报一次天气情况,英国的BBC电视台每30分钟播报一次,法国的电视台甚至在新闻节目的一开头就播出天气预报。调查显示,在美国,天气频道入户率第一,收视满意度名列榜首,在45个有线频道中综合排名第二,广告收入也居第十位。在法国,天气预报播出时间只占整个电视节目时间的1%,广告收入却占到了20%。

国外的气象节目大多由社会上的气象公司制作或是电视台独立制作的,节目的竞争非常激烈,发展也非常迅速。从20世纪80

年代起国外就有了专业气象频道,例如,美国的天气频道 TWC (The Weather Channel)是美国唯一提供 24 小时不间断天气服务的国家有线电视频道,它分为地区性、全国性以及全世界的天气预报。它每分钟的收视人数最高能达到 30 万,甚至还有一批可以接连看上六七个小时的"天气发烧友"。在加拿大,天气网络 TWN (The Weather Network)不仅向观众连续提供 24 小时的气象信息,而且加拿大国内一半以上电视台、70% 以上的报纸和绝大部分网站的天气信息都是从 TWN 获得的。每周大约有 1/6 的加拿大人从 TWN 收看天气信息,以此来安排他们的活动行程。

与国内气象频道有明显差别的是,国外气象节目主持人都必须持证上岗。因为随着气象媒体的发展,尤其是电视和广播业的发展,带动了一个新的、很具诱惑力和需要多方面知识背景的职业气象节目主持人群体的出现。该群体在西方的迅猛发展,除了市场和竞争的促进之外,也与气象和大气科学界的职业培训的快速跟进不无关系。在美国想获得气象节目主持人这个职业,必须通过美国气象学会(AMS)举办的天气预报主持人职业资格认证。加拿大气象与海洋学会(CMOS)采取类似美国气象学会的战略和思路,对媒体的气象节目主持人进行职业资格的认证。世界气象组织(WMO)更是提供了一整套完整的气象节目主持人培训和资格认证的框架意见。而气象节目主持人的职业规范化,确实在发达国家极大地促进了大众对气象和大气科学以及地球环境更多知识的了解和认知。这样,气象节目主持人就在科学家和大众之间建立了最紧密和持久的沟通关系,也让科学普及、媒体市场、公众和国家公益事业通过这样一种沟通,获得了"多赢"的效果。

第2章 节目分类

电视气象节目在其发展演变过程中,表现内容越来越广泛,表现形式越来越丰富。科学的分类有利于正确认识不同类型节目的特性和规律,也是制作节目、办好节目的依据。一般电视节目最基本的分类方式是按传播功能与传播内容进行分类,也可以按照节目载体、播出方式等分类。在这里以电视气象节目的内容、表现形式为划分标准,将电视气象节目分为天气预报、气象资讯、气象新闻、气象科普四大类。随着电视技术与传播理念的发展,电视气象节目的形态之间往往是相互交叉、融合,将呈现出越来越多的节目形式。

2.1 天气预报

天气预报是对未来一段时期内天气变化的预先估计和预告,是根据大气科学的基本理论和技术对某一地区未来的天气作出分析和预测,是大气科学为国民经济建设和人民生活服务的重要手段,准确及时的天气预报有利于经济建设、社会发展、国防建设的趋利避害。

天气预报节目是电视气象节目的重头戏,也是电视气象节目的常规节目类型。观众收看天气预报节目的首要目的是要预先了解天气情况。我国的电视气象服务属于公众气象服务范畴,天气信息由气象部门提供,通过媒体发布预报结论。

2.1.1 天气预报的内容

1.常规天气预报

天气预报节目一般由天气监测和分析,专项预报或预警,0～12小时短时预报,24、48、72小时和更长时效的短中期天气预报以及天气趋势,各城市常规天气要素预报等四部分组成。

天气监测与分析部分,主要是利用卫星、雷达、自动观测站等先进的监测手段所获得的气象实况资料和运用电视手段拍摄的现场视频或照片等图像资料。紧密贴近公众的关注焦点,反映与公众密切关联的天气事件和话题,并深入浅出地进行揭示和分析。

专项预报与预警部分,是指气象台针对某种灾害性、关键性或重大转折性天气所及时发布的专项预报、消息、警报、紧急警报等。如低温报告、寒潮警报、台风警报、高温报告等,以便充分体现电视气象节目在防灾减灾方面的职责和功能。

短时、中短期天气预报和城市要素预报两部分,是从定性和定量两方面对未来的天气做出预测,对于公众来说,这是直接、特定和明确的预报结果,是人们最容易记忆和讨论的信息。所以这部分应该在信息科学性的允许范围内,尽可能在时间、地点、量级等方面清晰、确切突出预报时效内的变化特征和影响分析。

2.气象指数预报

在常规天气预报等基本信息的基础上,天气预报节目中还有许多常规预报衍生出来的旅游指数、紫外线强度指数、舒适度指数、霉变指数、钓鱼指数、穿衣指数、洗车指数等不同类别的气象服务指数等预报内容。这些指数预报覆盖了人们衣食住行等方面,使公众气象服务的内容更加丰富。

2.1.2 天气预报的形式

天气预报通常采用以语言、图表、文字为主,辅以图片、视频资料的表现形式。具有传播简便、时效性强等特点。当前天气预报的

形式一般分有主持人节目和无主持人节目两种。有一些采用虚拟主持人、卡通动画人物主持的节目,实际上都可以归入无主持人节目类别。

1. 无主持人天气预报节目

在电视气象节目发展早期,由于受到电视制作水平的限制,出现了无主持人节目。但是现在气象节目不使用主持人更多的是从节目需求出发,高效明确地预报气象信息,节约时间资源,便于观众迅速查看所需气象信息。无主持人天气预报节目主要以每日预报信息为主,采用图文字幕、动画等手段呈现常规预报要素。随着电视数字技术的发展,各种电视图文动画的制作越来越简便快捷,许多功能设计使天气预报节目制作水平大幅提高。由于不使用主持人,节目制作相对简单灵活,制作周期短,制作成本低。一般无主持人节目时间较短,可以见缝插针,提高播出频次,节目时效性较强。

无主持人天气预报节目有的配主持人画外音,有的只有背景音乐,有的以游走字幕的形式直接穿插在电视节目中播出,因此,无主持人节目制作要求大致为气象信息呈现清晰准确,规范使用各类气象符号,合理设计画面布局,色彩协调,美观大方。还有,要注意画面切换和字幕运动的速度,既要让观众有时间看清内容,又不拖沓。在准确清晰地呈现预报内容的前提下,尽量做到画面生动,可视性强。

2. 有主持人天气预报节目

1993年,中央电视台新闻联播天气预报节目中首推主持人形象,受到公众广泛关注。目前从中央电视台到各省级电视台天气预报节目都有了主持人,甚至许多地市级、县级电视台的气象节目也都有了自己的主持人。浙江省大部分地市级电视台也同样播出了有主持人气象节目。主持人是联系电视和观众的纽带,有主持人节目直观生动,更加贴近观众。气象是一门深奥的自然科学,一些专业性的概念一般观众很难理解,当这些概念由主持人用通俗的语言来讲解时,观众更易于理解接受。主持人可以对过去的天气进行简要回顾,可以对重要天气进行实况介绍,在为受众提供天气信息的同时展现了节目主持人的个人风采,给人亲切感,使观众对节目印象深刻。这些都是简单的图文字幕无法完成的。

  这是目前最常规也是覆盖面最广的节目形式,以"天气预报"作为节目的首要内容,除此之外,其余所有与天气相关的信息也都可以出现在节目中,所以是综合性的,它的受众是电视机前所有的观众,几乎没有侧重点,服务信息也是面面俱到。在浙江卫视播出的《天气预报》节目就是一档这样的综合性节目。在浙江省气象服务中心制作的各档节目中,《天气预报》仍然是收视率最高、关注度最大和覆盖面最广的节目。

  有主持人天气预报节目要求主持人与节目内容、预报信息整体协调,而不是几张图和一个主持人的简单叠加,需要主持人营造节目的现场感和交流感。如果在节目中加入适当的娱乐因素,可以有效地增加节目的亲和力,一改气象节目一贯有之的严肃风格,吸引更多的观众。

2.2 气象资讯

  气象资讯类节目是以天气信息为载体或切入点,从资讯的角度出发,结合天气变化与预报信息,为受众提供健康、时尚、及时、实用、有关衣食住行的气象信息服务节目。将资讯融入气象节目,是电视气象节目自我潜力的一种挖掘,也是气象信息服务的延伸。由于每个电视频道的主要特点和侧重不同,因此,气象资讯节目需要结合自身所在频道的特点,并根据播出时间段、服务重点的不同,锁定目标受众,针对不同的收视群体合理分配气象节目资源,制作相应的气象资讯节目。如旅游卫视的《天气在变化》、中央五套的《天气体育》、浙江经济生活频道的《气象人间》、浙江公共新农村频道的《农情气象站》等节目就是依托频道特色,有针对性地进行时尚天气服务和体育锻炼、农业气象、健康天气资讯服务。这种不同特点、不同层次的服务应是气象资讯类节目的发展趋势。

2.2.1 气象资讯的内容

气象资讯类节目内容可以说是包罗万象,只要是与天气相关的资讯内容都可以包含在其中。日常的气象资讯类节目大致包含以下四个方面。

1. 出行参考信息

这类信息包括高速公路路况、城市道路路况,铁路、航空、海运等班次信息,尤其是遇到恶劣天气影响正常出行时,及时提供出发地和目的地的天气状况显得尤为重要。在重要节假日期间,除了气象信息、交通信息外,宾馆食宿信息、旅游景点信息不仅可以作为出行人的参考,还为相关运营部门、各级职能管理部门及时调度、合理安排提供重要参考。这些都是气象资讯类节目的主要内容。

基于这一需求,浙江省气象服务中心制作了《天气向导》节目。这是一档旅游资讯类的节目,侧重点是与旅游相关的各类天气服务信息。我们在节目中为观众提供常规天气预报的同时,还结合当前预报信息为大家推荐合适的旅游线路、景点和项目,同时有针对性地提出注意事项(如:穿衣、防晒等)服务信息。而另一方面通过与旅游景点的合作,这类节目还具有一定的经济效益。

2. 生活指导信息

这类资讯包括各种天气条件下的健康保养指南、生活常识及小窍门、时尚信息等。如阴雨天气装修注意事项、花鸟鱼虫养殖方法、中老年人保健、户外运动着装、护肤建议等生活指导性强的实用信息。

浙江省气象服务中心与浙江经济生活频道合作制作的《气象人间》节目就是以"时尚生活"为切入点,围绕"天气"这一中心做文章。其实这也是一档综合性比较强的节目,选题可以是大家日常的"吃、穿、住、行、玩"中的任何一个方面。但是相比常规的《天气预报》节目,这类节目中主持人可以走出演播室,节目的表现形式可以更多样化,节目的气氛也更轻松愉快,观众群更偏向年轻人。

3. 商务信息

包括企业生产和管理所需要的气象信息。也可以是各类专业、专项气象预报服务内容。沙尘暴、厄尔尼诺现象、暖冬、凉夏等气候变化给诸多企业的生产经营带来的巨大损失。根据及时准确的专业气象信息,企业可以及时调整生产营销方案,或者抓住机遇创造财富,或者减少损失。

4. 农情信息

农业是"靠天吃饭"最显著的行业之一,即便是在经济技术高速发展的当今社会,天气气候变化仍然是对农业生产影响最为突出的因素之一。气象为农服务也是公共气象服务的重点。农情信息类资讯节目内容包括各类农业生产指导信息,如不同时期、不同天气条件下对不同农作物栽培、病虫害防治、收获的建议和指导,极端天气预报预警,天气发展趋势对农作物的影响分析、应对措施等实用农业科技信息。

浙江省气象服务中心在浙江公共新农村频道播出的《农情气象站》节目,就是顺应广大农民朋友的需求而制作播出的为农服务类节目。相比前面的综合天气预报类节目,这档节目更有侧重性,主要关注的是四季农作物的生长状况和天气对农业的影响,根据不同农作物有针对性地提出及时的气象服务信息,比如预警信息、农事提醒和农事建议。这是一档精彩好看、城乡皆宜的农业气象节目。

2.2.2 气象资讯的形式

1. 资讯播报

资讯类节目通常由主持人用通俗、有趣的播报方式介绍信息和知识。资讯类节目不同于天气预报类节目,它更关心气象与老百姓的生活之间的联系,追求的是实在有用的公共气象信息服务,也着力为观众营造愉悦的氛围;重视深层次的服务,乐意在生活中充当最密切的伙伴。同时借助并联合强势媒体的大众传播功能,共谋气象电视发展之势,行为人民服务之实。气象资讯节目既可以在演播室内制作，也可以选择合适的外景地拍摄。对于操作性强的内容可以现场演示或采用图形动画演示，增强画面的可视性。

2. 板块式图文播报

灵活的板块式编排方式可以将资讯内容组合进各个气象节目中。板块式播报可使内容杂而不乱，有条不紊。需要注意内容间的自然衔接和流畅剪辑。板块播出时间要相对固定，服务内容尽量做到系列化。

2.3 气象新闻

从某种意义上说，气象节目就是气象新闻，特别是当天气有重大异常变化时更成为重大的气象新闻。新闻最基本、最核心的规律，一是真实准确，二是快捷迅速，气象新闻同样如此。气象新闻以与气象相关联的事务为传播内容，包括记录重大天气过程的发生、发展和未来变化以及对社会的影响。事实上，任何一条气象新闻不仅仅是记录气象事件本身，重要的是记录气象与生活千丝万缕的联系。2002年，以中央十套《今日气象》栏目开播为契机，浙江逐步开始开展气象新闻的拍摄和制作工作，2005年7月起浙江卫视的早间新闻里出现了气象连线记者的身影，随后几年通过台风、梅雨、钱江大潮、新安江泄洪等重大气象新闻事件的历练，浙江气象新闻工作逐渐发展成熟起来。

2.3.1 现场报道

天气实况现场报道，画面视觉冲击力强，现场气氛浓厚，是气象新闻的常用报道形式。由于天气变化迅速，要求新闻采访人员反应快速，提前对可能发生的天气状况预先做好充分准备，在发生天气变化时尽快到达现场。迅速寻找最佳观察位置，在确保安全的前提下进行拍摄。这需要制作人员平时注意对突发事件报道经验的积累，提高应变能力，能够在短时间内做出正确判断并付诸行动。

2.3.2 深度报道

气象新闻不只是满足于向受众提供简单的新闻事实,还要进一步剖析新闻事实的内涵。气象学的深奥和气象新闻的服务性决定了气象新闻深度报道的必要性。深度报道通过对气象新闻事实的过去、现在、未来进行跨时空的综合反映,说明天气变化的来龙去脉,揭示发展趋势,为受众提供有效的指导建议。多角度透析天气现象及引发的新闻事件,共同丰富气象这个大主题。如对灾害性天气的报道,除了新闻事实,还可以通过专业信息网络,收集整理相关资料,并和历史资料相比较。适时推出趋势分析并连续跟踪报道,在挖掘气象服务潜能的同时,进一步探索气象现象背后的社会问题。

2.4 气象科普

气象学本身是一门专业性非常强的学科,我们的电视气象节目当中不可避免会出现很多专业术语,这些专业气象知识对于气象专业人员来说可能再熟悉不过了,但是对于普通观众来说就难以理解了。在常规的节目中由于时间有限,要想三言两语把这些晦涩难懂的气象知识都解释清楚确实很难做到。在这种情况下,科普类节目也就应运而生。气象科普节目是通过对气象科学知识的传播,普及气象知识,指导人们的实践活动。20世纪50—60年代,气象科普是"讲解气象科学知识",80年代的提法是"公众理解气象科学",现在则是"气象科学传播"。这反映了随着社会发展,人们对气象科普本质的认识在不断深化着。气象科普节目的目的不在于教育与感召,而是更深层次的服务。科学性是科普节目的必备条件,同时还要具有普及性、针对性、知识性以及趣味性。科普片还应适当增加科普的深度,针对不同受众的栏目,要分出层次,如针对文化层次较高的观众,介绍气象科技已达到的认识水平和科学成就,前瞻尚未攻克的科学难题,让其全面了解气象科学的发展。

2.4.1 专题片

专题片形式是目前气象科普普遍采用的形式,根据具体内容,利用电视传播直观生动的特性,画面和解说词有机结合,深入浅出地传递科技信息。在专题片制作中应力求其在艺术性、科学性、教育性和技术性上的完美和谐。电视画面色彩还原准确,镜头衔接流畅、节奏快慢适中,解说简洁、生动、易懂。英国BBC科学电视节目制片人、导演约翰·林奇说:"好的科普节目应该有故事性。"通过故事顺便告诉观众与故事相关的科学知识,这就把科学观念注入到了观众的脑海。还可以用现场演示的形式,譬如介绍台风时,运用鼓风机进行演示、讲解,或者采用三维模型进行模拟,也可以直观地表现大气运动中各种天气系统的发生、发展。

2002年起,浙江省气象服务中心开始制作凝聚地方文化特色的气象科普专题片,在每期节目中选取一种特定的天气现象,把它的内在道理说清楚、说明白,同时又说得精彩细致、循循善诱。其中《踏雪寻梅》和《云中漫步》这两个专题片深受业界同仁的好评。随后2011年起,我们开始尝试制作本地化的防灾减灾系列科普专题节目,内容包括暴雨、台风、强对流天气等。

2.4.2 纪录片

纪录片是对生活原生态的记录,有时拍摄时机稍纵即逝,现场环境复杂,拍摄难度大,需要大量的原始素材积累和精心的策划准备,对拍摄制作人员要求较高。用纪实手法拍摄气象现象,可以增强节目的客观性和可视性。将气象科普与文化艺术巧妙融合,提升了气象节目的思想性和艺术品位。但是由于天气的瞬息万变和不确定性使得这类节目的拍摄难度相当大,这类节目出产量不高。

2.4.3 电视访谈

通过主持人和嘉宾的直接对话,讲述嘉宾对某些气象问题的体会和看法。根据节目主题选择合适的嘉宾,一般是相关领域的专家,就访谈中心议题作出科学权威的解释,以达到传播气象科学知识的目的。

第3章　节目制作

在节目制作和岗位设置上,电视气象节目与一般电视节目并没有本质的区别。但由于电视气象节目的传播目的、传播对象、节目内容等方面的特殊性,使其在制作过程和人员组成等方面有其自身的特点。

3.1　电视气象节目的制作方式

在电视发展的近百年历程中,人们不断运用新科技来改进电视节目的制作方式。随着数字技术、卫星直播技术、多媒体传播技术、移动通信技术等新技术在电视制作领域的广泛运用,产生了多种电视节目制作方式。目前,电视气象节目制作主要运用以下几种方式:电子演播室制作方式(ESP)、电子新闻采集方式(ENG)和电子现场制作方式(EFP)。在电视气象节目制作中,可以根据内容和形式的不同采取符合节目特色的制作方式。

3.1.1　ESP 方式

ESP 即"电子演播室制作(Electronic Studio Production)",是利用演播室及其配套的高档电视制作设备进行的节目制作方式。它由演播室、导播室和播出总控室三部分组成。使用多台摄像机录制节目,通过录制或现场直播的形式进行节目制作及播放。演播室具有完备的电视制作系统,有专门的拍摄空间和控制制作室,配套

第 3 章 节目制作

设备包括灯光系统、广播级摄像机系统、背景道具、监控切换系统、特技、动画、在线图文制作系统、音频系统。

ESP 方式录制环境好,设备精良,突发状况少,制作的节目质量高、特技手段丰富,是一种比较理想的制作方式,所以目前大部分电视气象节目都采用这种制作方式。ESP 方式既可以先拍摄录制,后编辑配音,也可以直播播出。

3.1.2 ENG 方式

ENG 即"电子新闻采集(Electronic News Gathering)",是采用便携摄像和录像设备进行现场素材采录的制作方式。ENG 灵活轻便的特点使其被广泛应用于素材采集、新闻采访,确保气象新闻采访和节目制作的时效性和现场性。

目前,ENG 方式在电视气象新闻、专题片、纪录片和科普片等节目中普遍使用。根据节目传播特性不同,ENG 还可采用不同的处理方式,利用光缆、微波、卫星以及 3G 通信技术实现快速高效的远距离传输或现场直播,使 ENG 的灵活性和机动性更强了,成为快速反映气象突发事件和新闻的主要手段。

3.1.3 EFP 方式

EFP 即"电子现场制作(Electronic Field Production)",是在演播室之外的节目现场通过多台便携式摄像机同步拍摄,利用特技台进行现场切换而形成多机位、多视角的同步电视制作方式。EFP 方式既可用于现场节目制作,也可以实现现场实况转播。在一些台风、暴雨的重大灾害性天气中,由于 EFP 方式能多角度同步反映现场实况,具有时效性、可信性和现场感,受到观众的欢迎。

3.2 电视气象节目的制作流程

由于电视气象节目内容和形式的不同,其制作流程会存在区别,有着不同的制作过程。但是考虑到多数电视气象节目的制作特点,其制作流程还是基本相同的,从孕育到完成的整个过程大致可分为5个阶段,即策划、撰稿、前期准备、拍摄录制、后期编辑合成。

3.2.1　策划

电视气象节目的策划,概括地说,就是根据各钟气象信息和受众的需求,全面构思、制定最佳的电视气象节目传播实施方案并付诸行动的过程,是运用脑力的一种理性行为和思维活动。

策划阶段是电视气象节目制作的第一阶段,涉及整个节目制作理念和意图的具体运作,是制作成功的关键阶段。在策划阶段,策划人或制片人根据需要选择恰当的选题,确定主题,进行电视气象节目的整体构思,选择合适的表达形式和节目形态。

3.2.2　撰稿

拍摄前,电视气象节目的稿本有文学文稿和分镜头文稿两种。不同的节目稿本对应着不同的节目形态。

文学文稿是为天气预报节目或短专题片、科普片制作而写的,不是一般的文学读物,而是我们平时所说的节目解说词。解说词提供的是与画面紧密结合在一起的一种视听综合感受。解说词的语言要求准确生动,但是解说词并不是对画面进行简单的说明和解释,而是要解释画面之外无形的、内在的联系。一定要充分考虑到观众的信息接收限度和电视传播的局限性,做到详略得当,重点突出,尽量使解说词的内容都变成有效信息。

当节目结构比较复杂、长度较长时,我们还会将文学文稿进行改造,分成一系列可供拍摄的镜头单元稿本。按照时间、逻辑顺序来描述若干不同景别、不同角度的镜头,在每个镜头脚本中,将景别、拍摄方法、画面内容、解说词(含对白、对话)、音乐、音效、镜头长度等一一注明,从而使脚本更加具有可操作性。

3.2.3　前期准备

整体构思和稿本创作完成后,就要进入前期准备阶段。这个阶段的主要工作是制订节目制作计划,包括确定成员名单、筹集经费、讨论拍摄进度、嘉宾或演员邀请、准备节目素材、场地、背景、服装、美工等。

3.2.4 拍摄录制

这一阶段就是按照拟定好的方案(包括文学文稿、拍摄提纲或分镜头脚本)进行现场拍摄和录制。

拍摄录制工作是群体创作的过程,要求具备很强的协调性。在正式开拍前,制作人员各司其职,按照文稿要求开展工作,妥善准备拍摄时使用的设备,包括摄像机、道具、背景、灯光等。

正式录制的节目可以分为直播节目和预录制节目。直播节目对现场工作人员的要求较高,不能有差错,否则影响很大。预录制节目可以视为采集素材,可以重拍,可以不按照脚本顺序拍摄,经过后期编辑合成后才能成为完整的节目。

3.2.5 后期编辑合成

这一阶段主要工作就是剪辑、制作合成、审看。把拍摄来的素材按照稿本顺序和内容进行拼接,形成节目的大体框架,再对节目的整体节奏、镜头编排和声画组合进行调整、修改和完善,完成镜头组接,配对白、配解说词、配音乐音效,加入字幕、特技和动画,使节目更精致,制作出符合设计思想的电视气象节目。最终还需由制片人或编导再次审看节目,确定无误后才能产生最终可供播出的电视气象节目。

3.3 电视气象节目的包装

作为一档气象节目,如果要想争得更多的观众,除了具备精彩的内容外,还要有精细的包装来吸引观众的"眼球"。具体而言,节目片头包装是任何一档气象栏目不可缺少的点睛之笔,它可以树立栏目的形象、打造栏目品牌,唤起观众对栏目的想象和确认,从而提升栏目的知名度和收视率。而内容版式的包装则对主持人讲解的节目内容起到了补充说明和丰富栏目画面的效果。

3.3.1 气象节目包装的发展历程及趋势

随着高新技术和艺术产业的结合,电视节目的制作软件越来越多,制作效果也越来越丰富。气象节目的包装大致经历了字幕机制作、平面图像合成、三维软件制作、三维及非线合成软件结合制作。从早期简单的平面动画发展到三维立体动画。

电视节目包装,从某种意义上来说,是对其所涵盖的艺术理念的表现和电视制作技术的革新。气象节目要想在电视发展的趋势中有所作为,就必须以人为本,抓住受众心理,在包装创意中突出个性化的风格。

3.3.2 气象节目片头包装的艺术表现

节目包装是对节目创意、节目内容、节目形式经过广泛思考而进行高度地概括和提炼,形成特定的艺术表现形式。升华主题,是做好气象节目包装不能缺少的艺术再创作环节。

1. 形式内在化的包装理念与技术应用的设计表现

节目的包装不仅仅是外在的点缀和装饰,还是节目不可分割的重要组成部分,成熟的设计理念和丰富的人文思想,使得节目的包装更富于艺术想象和人文内涵。如2004年版的浙江卫视天气预报节目就采用了大气的国画风格,结合动态的季节风情,使整个片头体现了深厚的文化底蕴和江南特色(图3.1)。

图 3.1 2004 年版浙江卫视频道天气预报节目片头包装

2. 形式外在化的包装理念与技术应用的质感表现

成功的外在包装主要追求形式上的感召力、多样化和视听上的生动感人。节目的包装通过诸多刺激视觉和听觉的写意手法来吸引受众。标识、片头元素等的材料质感基本上决定了片头的质量。2009年版的浙江卫视天气预报节目,采用了灵动的水墨风格结合质感的动画元素,整个片头除了给人大气美观的感觉还有强烈的视觉冲击(图3.2)。

图3.2　2009年版浙江卫视频道天气预报节目片头包装

3. 形式个性化的包装理念与技术应用的整合表现

个性化的包装主要是指包装不只是外在化的,也是寓于节目中的。个性化的包装对想象力有较高的要求。它既要求非常规的创意,又要求缜密的逻辑思考;既要求有引人入胜的情节处理,又要求多些非规范的象征手法。2011年版的浙江卫视天气预报节目就是以天气变化为主题,表现了春夏秋冬四季更替,配以浙江省代表性的一些物件场景来体现地区特色。整个片头以蓝绿色调为主,白色过渡,给人平稳安适的感觉(图3.3)。

图3.3　2011年版浙江卫视频道天气预报节目片头包装

3.3.3　气象节目片头包装制作的技巧

在实际的工作中,制作人员仍然时常会被一些技术方面的问题所困扰,因为无论是3DMAX还是MAYA,这类三维动画制作软件对制作人员的技术水平都有很高的要求。但初学者可以在制作过程中有效地利用平面设计软件,先做一些基础图片处理,然后用AFTER EFFECTS完成动态视频合成和特技处理,同样可以在二维空间中营造出前后景交错的三维层次效果。

1. 矢量图像的应用

在实际的制作过程中,矢量图像的应用极为广泛,例如,在浙江教育科技频道气象节目的片头包装中(图3.4),将插画中的人和物巧妙地融入其中,以天气由晴转雨的过程变化为运动背景,人物的特写作画面过渡,从而使包装风格更生活化、时尚化。

图3.4　浙江教育科技频道气象节目片头包装

2. 渐变的应用

在节目包装中渐变的运用可以使画面更具节奏感,例如,在浙江公共新农村频道气象节目的片头包装中(图3.5),是以画面色调的渐变来表现四季的变化,以花和景物的远近变化作为运动主线,以圆球作为基本元素,贯穿不同的场景画面,从而使包装风格更加意境化。

图3.5　浙江公共新农村频道气象节目片头包装

3. 粒子及三维元素的应用

粒子元素的出现,给制作者带来了很多创作灵感和思路。为整个画面的运动过程增添了几分时尚气息。三维元素的运用则满足了观众全方位、多角度观赏的好奇心。例如,在浙江钱江都市频道气象节目的片头包装中(图 3.6),主要是以雨生万物、春暖花开的天气特点为轴线,中间通过线条和粒子元素作为画面的过渡,从而使包装更生动活泼、简洁时尚。

图 3.6 浙江钱江都市频道气象节目片头包装

3.4 电视气象节目的场景设计

在传统的气象节目制作中,主持人节目的场景设计一般都是通过抠像技术将主持人身后单色背景抠像处理,然后叠加所需背景视频素材。考虑的元素和特效处理相对比较简单一些,但色彩要和节目片头的主色调一致,尽量单一而不必太花哨。如果设计的背景颜色过于艳丽,主持人站在里面会觉得背景太"抢"眼,并且缺少空间感,无法与背景融合。在浙江卫视的天气预报节目中我们也做过多个版本的背景设计,最终还是使用了片头包装中的蓝白色调及浮云山丘的设计元素,只是在节日期间对背景适当地做些修改补充来烘托节日的气氛,保持了整档节目的统一风格(图3.7)。

图3.7 浙江卫视频道天气预报节目日常背景、国庆节日背景、中秋节日背景、新年背景

近年来随着虚拟演播室的产生,给电视节目制作带来了一场革命,即把主持人置身于三维的环境当中,用三维场景取代二维背景,同时主持人也作为三维场景中的一个物体,并和三维场景有完全一致的空间位置关系和透视关系。但是现阶段几乎所有的虚拟演播室软件本身并不带有建模及绘画的软件包,多数是利用已有的三维或二维动画、图形图像制作软件来创建模型及模型中需要的贴图,然后将做好的模型和贴图经过图像格式的转换,再存入虚拟演播室系统的专用目录下,才能从虚拟演播室软件环境中读出。这样就对制作人员的制作技能及三维空间感都有较高的要求。

3.5 电视气象节目的版面制作

目前,常规化的气象节目制作是以版面制作为主,多个内容不同的版面对主持人的讲解起到了补充说明的作用,同时有效地传达了节目信息内容。版面的制作主要是运用大洋字幕机完成,一般是一个模板完成一个版面内容的制作,由多个模板串联成一档节目背景内容的故事板。就像搭积木一样,如何设计出精美的各种造型,使积木与积木间进行"无缝搭接",就需要制作人员开动脑筋,精心创意。

3.5.1 气象节目版面的设计要求

一个好的版面必须同时考虑变化与统一、条理与反复、对比与协调等特点。首先,内容与形式的表现必须统一和具有秩序,形式的表现必须服从内容的要求。将大量预报数据塞到气象节目中时,必须考虑怎样把它以合理、统一的方式来排布,使节目整体感强又富有变化,版面丰富又具有生气。例如在天气预报节目中发布的一周天气展望,我们采用的是以文字和符号结合的方式,一改以往采用的单文字叙述或符号排列的方式(图3.8)。其次,要突出主题要素,特别注意在有众多主体要素时要突出一个清楚的主题,应尽可能使主题要素成为阅读时视线流动的起点。在电视气象节目的设计中,各个构成要素在组合时,要注意其结构的轻重、大小、虚实、多少等对比因素,利用对比因素加强视觉力度,强化页面的整体吸引力。例如在温度实况介绍中往往会将最高气温或最低气温的数值加以放大,区别于其他各点温度(图3.9)。

图3.8 一周天气趋势　　　　　图3.9 日最高气温

3.5.2 气象节目中各版面要素的构成及使用

电视气象节目版面构成要素主要包括文字说明和画面的排布以及色彩的构成。节目中文字的内容主要包括地市名称、天气现象、实况数据、天气形势预报等及信息提示等。画面主要是地图、云图、科普图片、天气现象示意图等。

1. 文字的编排和设计

文字作为信息传达的主要手段,是电视气象节目中不可缺少的主题,也是预报信息的描述要素。文字表现得好坏,将直接影响到天气预报的可读性。

电视气象节目中文字的主要功能是传达各种预报数值,要达到传递的有效性,必须考虑文字编辑的整体效果,给人清晰的视觉印象,避免版面的复杂凌乱。在平面的编辑中,可以使用装饰,文字是为排版、造型而编辑的。而在电视的编辑中,文字信息的传达受时间限制,所以文字的编辑必须使人易认、易懂、易读,不能为造型而编辑,忘记了文字本身是传达内容和表达信息的主题。

在天气预报的文字编排中,计算机提供了大量可选择的字体,这既为编排提供了方便,也对编排与设计的选择能力提出了考验。虽然可供选择的字体很多,但在一套节目中,使用几种字体需精心编排和考虑。一般来讲,一套节目中使用的字体最多2~3种;另外,作为版面的形象要素之一,文字在视觉传达中除了表达本意外,还具有传达感情的功能,因此,必须具有视觉上的美感,能给人以美好印象,获得良好的心理反应。

2. 图片在气象节目中的使用

天气是一种抽象的事物。如果想把这种抽象概念直观地展现给大众,最简洁省力的办法就是使用图片。对于一条信息来说,图片对受众的吸引远远超过文字。因此,对于在天气预报中经常出现的专业地图、云图和形势图等,即使加工的余地不大,也要仔细考虑图片形式在整体编辑计划中的影响,以达到和谐的效果。而对于比较直白的未来天气信息,则应该多在背景图片上寻找变化,根据天气变化的状况来布置背景,图文的结合能够更直观地把天气信息传达给观众。

(1) 图片整体感觉要干净

节目中常常需要在图片上叠加字幕,达到补充、强调、增加画面信息量的目的。需要叠加字幕的图片最好色调简单一些,不要过于花哨,画面不能太复杂,留出叠字的空间。也可以通过加蒙版、模糊图片的处理来弱化图片、突出字体。需要注意的是,叠字不宜叠在图片中人物的身上,尤其是脸部。

(2) 考虑电视画面的整体构图

在气象节目中,主持人一般都是站在屏幕的一侧,出图框在另一侧,挑选的图片也应该考虑这个布局,使整个画面达到构图上的平衡。例如一幅图片主体偏在左侧,如果左方站着主持人,整个画面就会有左重右轻的感觉。

(3)适当运用卡通漫画图片

在气象节目中常常会谈到一些轻松的生活话题,比如天气热人容易犯困,喜欢睡懒觉,天气转凉患了感冒打喷嚏等,想找相应话题的图片不太容易,这时找一些卡通漫画图片,不仅映衬了话题内容,也增加了节目的活泼感和亲切感。

3. 图表在气象节目中的使用

在日常节目的制作中,图表的运用是对数据最直观的表现形式。用图表说话,会比文字和表格更加明快、更加直观地表达主题。对于日常的气象节目制作中主要有以下几类图表。

(1)柱状型(图 3.10)

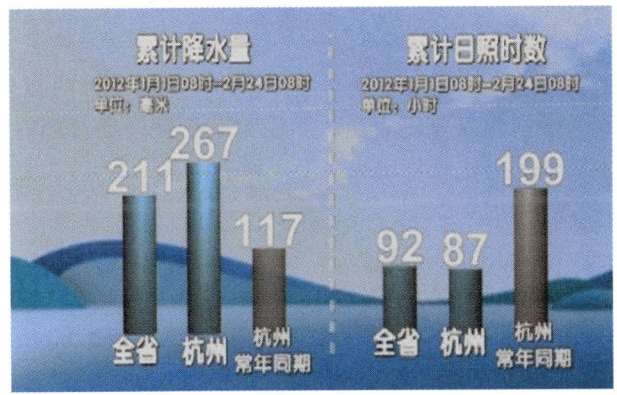

图 3.10　柱状图

柱状型图表是在气象节目中运用得较为广泛的一种图表,能直观反映各项之间对比情况。柱状可以是各种各样的形状,如圆柱状、方柱状,柱体的颜色可以根据需要,赤橙黄绿青蓝紫均可。在图表中,柱体可多可少。

如在某一期节目中,讲到该月受到连阴雨天气的影响较为明显时,主要运用了该月的日照时间和降水量与往年同期作以比较。随着主持人的手势起伏,一组柱形图直观地展现了数据的对比情况。

(2)圆饼型(图 3.11)

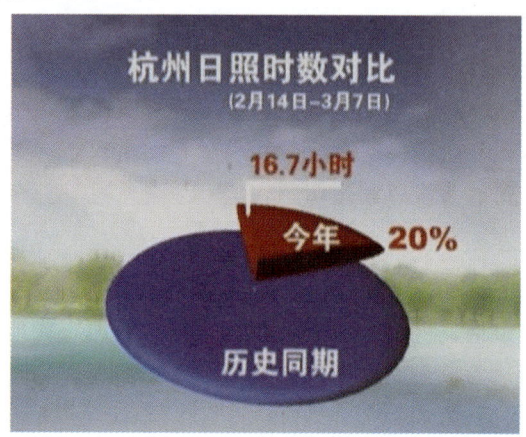

图 3.11　圆饼图

圆饼型图表主要用于反映每一部分的大小占总数的百分比,该图形常用于数据的百分比表达。如说到某一段时期日照时数与全年或历史同期的对比就可用圆饼型图做表达。

(3)线条型(图 3.12)

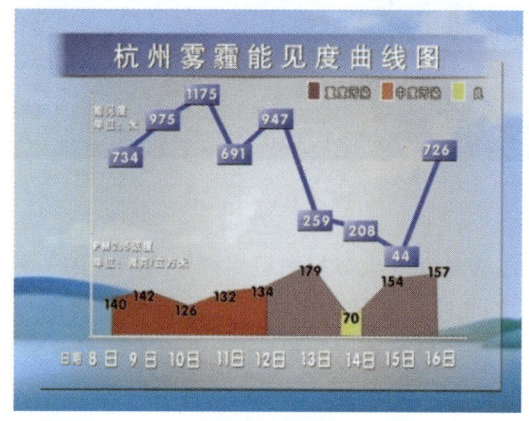

图 3.12　曲线图

线条型图表以坐标系数学模型为主,它的基准图为成 90°夹角的纵横轴坐标,纵横轴坐标上一般标有日期和相关数据。比如要反映某几天里雾霾天气对能见度和空气质量的影响,随着曲线的起伏状态,做一些飞光效果,能凸显数据的变化程度。

(4)文字型(图 3.13)

图 3.13　文字型提示板

文字型图表是以文字为主,其背景为白磨砂或单色调的板块,字体不限,很少用美术字,字的颜色不宜采用黑色,文字在屏幕上有整板和逐个打字式出现两种形式。有时候为了强调某段文字的意思,会采用变换字体颜色、闪亮文字等方法。

3.6　电视气象节目设计制作的注意事项

随着电视节目制作对表现效果的越来越重视,节目设计包装在气象影视制作行业中得到了极大的推广和发展,但是,还存在着一些值得注意的地方。

3.6.1　节目包装应注意前期策划及文案工作

前期的策划及文案工作,对于电视节目来说是成功与否的关键。统一的、整体的创意策划也是形成气象节目宣传包装的先决条件。这需要制作人员具有把握全局的观念,理解气象节目播放频道的整体包装定位,节目个体的包装需要配合频道整体的包装要求,形成统一的包装定位,这才有利于节目整体品牌化形象的建立。在历年来的浙江天气预报节目包装中,也始终以浙江卫视的中国蓝作为节目包装的主色调,做到与频道的统一。

3.6.2 气象节目应做好制作元素的积累

由于气象部门的影视制作技术发展起步较晚,相关的技术资料和业内信息来源较为匮乏和单调。这就要求制作人员能够经常积累素材,建立完备的资料库。高水平的影视作品往往蕴藏着丰富的思想和很高的审美价值,同时也有着丰富的制作元素,如人和物、色块、文字、线条、粒子,以及一些三维元素等,利用 photoshop 等图像处理软件,将其一一拆分之后,存储成带有通道的图元,日后就可以成为我们的制作元素,可以在制作过程中用它来充实和丰富制作内容。

3.6.3 电视节目包装避免过分强调视觉效果

电视技术的发展为电视节目包装提供了极大的便利,但电视节目的包装如果只见繁复的特技在炫目,而忽视了整体包装的功能诉求,就会大大削弱包装的意义。电视节目包装应在完成了整体包装的基本识别要素以后,着重强调节目的内涵、深刻主题的凝练和表达。作为天气预报节目的包装,更应注意气象属性的表达,制作人员应考虑如何巧妙地将气象信息图融入于节目的包装中。

3.7 气象影视素材的管理

3.7.1 气象影视素材的应用现状

在信息时代,对气象影视部门的视音频素材进行编辑、再利用,达到气象影视素材数字化管理是今后发展的趋势。在现有条件下,气象影视视频素材库采用边研究、边应用、边改进和边完善的工作思路,改变气象影视资料查找上的烦琐,为今后影视素材的有序管理建立了工作模式,使大量影视素材管理更加规范化、合理化和简单化,大大提高了影视节目制作的工作效率,为各类日常节目、专题节目和气象新闻的采编提供技术支持。

1. 气象视频素材的播出途径

随着气象影视事业的飞速发展,浙江气象节目的制播方式也从传统的模拟设备过渡到了数字化设备的运用。节目类型和数量也大大增加,像日常预报节目、气象新闻节目、气象科普节目等,通过不同的播出渠道为受众提供了丰富的天气信息。气象节目画面也逐步摆脱了单调死板的局面,取而代之的是丰富直观的天气镜头语言。而这些视频素材除了现场实时拍摄外,一部分还来源于以往视频资料的使用。

2. 气象影视素材的使用特点

(1)实况天气视频较多,数据量大

天气实况资料是电视天气预报节目的最重要的基础,作为已经发生的天气,天气实况与未来的天气之间有着密不可分的相关性;在拍摄天气实况时,一般来说,时间为几秒的天气实况播报至少需要1分钟的视频资料,只有这样,编导才能从中剪辑到相对合适的素材;而天气实况在电视播报天气预报中的应用,能使节目更加生动、具体、形象,从而增强整个节目的可视性。由于画面是在电视上播出,因此,对视频质量有较高的要求,这就使得每个文件的数据量都很大。

(2)气象影视具有专一的数据用途

天气预报关系到老百姓生活的方方面面,所以素材涉及面也非常广泛。其数据形式有:文字、图表、图形、图像、视频、声音等,但其用途较专一,也就是说,在定义这些数据的特征属性时有一个统一的理解规范,所以基本上不会出现疑义。基于这一特点,气象影视数据采用关键字检索能取得较好的效果。

(3) 典型气象影视数据检索的准确性

由于气象预报的时效性和天气过程与气象台预报资料反馈到编导的时间不一致,因此经常因时间关系不能做到当次天气过程使用当次过程的实时画面,为了做到画面的表达尽可能接近当次的气象资料,我们往往要从过去发生并拍摄到的图像中选择相近或相似的画面替代。但气象条件瞬息万变,为了做到准确的表达,同时又做到资源的合理和高效使用,需要建立典型素材库。为保证在每次的典型天气素材的检索中能尽快在大多相似的素材中检索到更接近当日或符合当日气象条件的影视资料,要求在积累素材及素材入库时典型素材要具有不重复性和素材特征提取的准确性。

3.7.2 气象影视素材库的设计

1. 气象影视素材库的架构设计

为了实现影视资料的规范化管理,节省编导和制作人员对视频素材的查找时间,提高工作效率,满足节目制作的需求,浙江省气象服务中心借鉴了媒体资产管理系统中内容管理的思路,建立了视频资料库的管理系统。系统主要由采编、编目、存储、检索四个功能模块组成。

硬件支撑主要是利用日常的非编工作网、多媒体存储阵列,网络服务器来完成视频资料的数字化工作。浙江省气象服务中心目前采用本地素材管理与网络管理相结合的办法,利用非编系统完成素材的剪辑、编目,在完成本地素材存储的同时将视频素材上载到网络服务器中,在做到数据备份的同时便于其他部门的下载使用。

2. 气象影视素材库的设计思路

建立影视视频素材库,不同于常规气象要素数据库的建立,需要充分考虑影视资料本身的特点。影视资料主要包括视、音频素材,这些素材不仅数据量庞大,而且内容丰富。气象影视视频素材库,首先要对繁杂的素材进行归纳分类,组建自身清晰的结构体系,每一条入库的素材都必须进行整理和编目,包括该素材的名称、拍摄时间、拍摄地点、素材内容、关键词等要素。其次是提供快速检索。气象影视视频素材库的目标是高效、方便地管理利用影视资料,能否快速和准确地查找到所需要的素材,应用于实际工作当中,显得非常重要。

由此可见,如何针对影视素材数据量庞大、内容极其丰富的特点,建立一个具有影视资料特色的数据库,如何根据影视素材自身的特点,建立方便快捷的数据库检索查询方法,让影视资料最优化利用,是气象影视视频素材库需要解决的重点问题。

3.7.3 气象影视素材库子系统功能介绍

1. 采编系统

气象影视视频素材库是把浙江省气象服务中心近两年新闻、日常节目、专题片近千条外拍素材通过非编系统,进行采集、整理、编辑,使原本杂乱无章的素材得到了重组,去除了废镜头,并统一以dvcpro50格式进行保留(图3.14)。

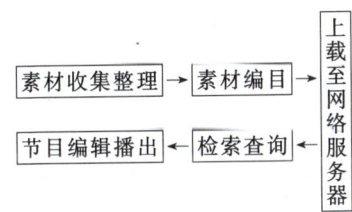

图3.14 素材库的主要工作流程

2. 资料编目系统

任何素材如果不经过编目便进入素材库,其后果可能是永远也找不到该素材。尤其气象影视资料包含内容丰富,要想在管理系统中准确地定位素材,科学严格的编目是关键。气象影视视频素材库充分考虑了气象影视素材的特点,对每条素材都添加描述信息,主要包括拍摄时间、拍摄地点和内容概况等。

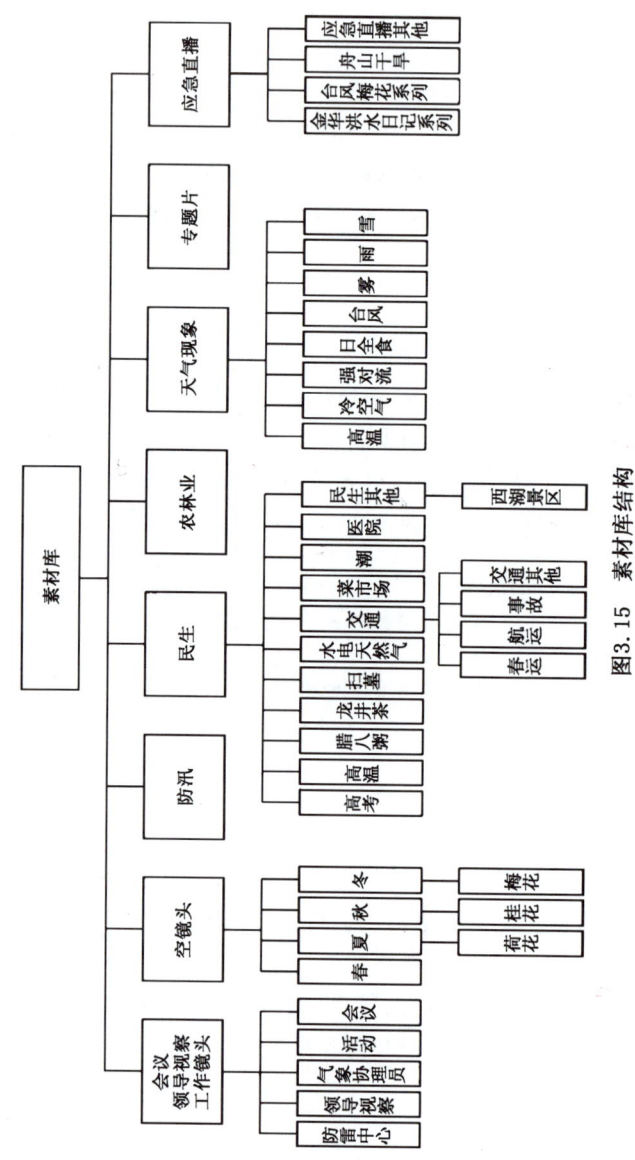

图 3.15 素材库结构

3. 存储系统

气象视频素材库的素材是建于本地存储阵列及网络服务器中，存储系统将素材共分 8 大类，32 小类，包含天气现象、气象应急、防汛、农业、林业、专题片、民生、空镜头等。网络服务器中的素材支持影视中心所有工作机共享使用，此外，素材库采用统一的编目、素材输出要求，日后素材的使用、添加、修改都非常方便(图 3.15)。

4. 检索系统

气象影视数据的检索采用"目录检索"、"关键字检索"和"全文检索"交叉进行。

(1) 目录检索

目录检索就是"物以类聚"的检索，任何事物经过分析整理后自然会分门别类。分类搜索是将信息系统地分门归类，用户可方便地查到某一大类信息，与传统的信息查找方式相近，特别适合希望了解某一方面信息并不严格限于查询关键字的用户。

(2) 关键字检索

基于文本的检索方法是关键字检索，其大体思路是：在信息资料采集完毕后，给采集到的资料赋以各自简短的文本索引，并采取相关的数据库技术加以管理与实现。在以后需要检索时附以相应的关键字，并通过数据库将该关键字作为索引进行快速定位、检索。

(3) 全文检索

采用对存储的文本内容进行全面检索。比起目录检索或关键字检索，全文检索提供了全新的、强大的检索功能，可以直接根据文本资料内容进行检索，支持多角度、多侧面地综合利用信息资源。全文检索技术是发现信息、分析和过滤信息、信息代理、信息安全控制等应用的主要技术基础。全文检索虽然具有众多特点，但没有目录检索那样具有清晰的层次结构。

3.8 电视气象节目人员编制

电视气象节目的制作不是单个人的创作过程,而是集体劳动的结晶,是团队精神的体现。电视气象节目编制人员一般包括策划和编导人员、制作组人员和设备管理组人员。

3.8.1 策划和编导人员

策划和编导人员是指进行节目构思与策划的工作人员,通常包括电视气象节目的制片人、编导、主持人等。

制片人是电视气象节目的负责人,负责确定节目计划和具体安排,协调各部门各环节的工作关系,为节目制作和播出承担主要责任。

编导包括编稿和导演,编稿是"在纸上设计电视节目的总设计师",主要负责电视气象节目的主题确定,根据主题编写文学文稿和分镜头文稿,协助导演指挥节目录制工作。导演是电视气象节目艺术化的实现者,是电视气象节目的设计者和阐释者,是拍摄的实际组织者和指挥者。

主持人参与节目的策划和组织过程,参与节目构思及选题,是出现在屏幕前,根据节目的需要对节目内容进行介绍、演绎和衔接的工作者。要求主持人必须具有良好的镜头感,快速的临场反应能力,端正的形象,清晰标准的语言,要善于调动观众情绪,把握节目节奏。

3.8.2 制作组人员

制作组人员是指在电视气象节目制作过程中提供技术保障的工作人员,他们运用自己的操作技能来控制设备,使节目达到理想的屏幕效果。制作组人员通常包括音视频、制图、非线、灯光、摄像等。这些工作人员都是电视气象节目制作中重要的组成部分。

视音频:节目录制过程中,根据电视编导的导播口令,操作切换台;管理节目录制带,定期入库、更新。

制图：将电视编导为节目设计的图形，通过图形制作系统绘制、生成为节目可直接使用的图形。

非线：根据节目的形式与编导的意图将素材剪辑成完整的节目产品。在人员紧张且工作流程不冲突的情况下可由制图人员兼任。

灯光、摄像：负责节目制作时的灯光布置及演播室摄像机视频调整，熟悉光源特性，正确运用布光理论指导实际工作，保证节目的视频技术指标符合播出要求。外出采访或外景拍摄时负责拍摄。

在实际工作中根据实际需求，制作组人员在导演的统一指挥下，各司其职。可能一项工作几个人承担，也可能一人兼任几项工作。

3.8.3 设备管理组人员

管理组人员包括电视气象节目制作过程中的制作管理人员、设备管理人员和设备维护人员。他们的职责就是对电视气象节目进行制作管理和日常设备管理，定期维护。确保电视气象节目制作的正常顺利完成。

上述三类人员的各自职责，并不能进行绝对的划分，如实际工作中制作组和设备管理组人员经常有很大程度的重叠。制作组人员也需参与策划和编导工作，编导、主持人必须了解和熟悉各岗位工作职责和要求，才能在整个节目编制过程中协调各部门的工作，确保电视气象节目的制作质量。

第4章 节目策划

广播电视节目与节目文稿相伴相随、相辅相成,在广播电视传播过程中,广播电视节目与书面文稿缺一不可,并互相生发,彼此促成。即便是"脱口秀"节目,也是事先准备好文本,并非真的是临场"脱口而出"。电视气象节目作为电视节目的一种,节目文稿是其不可或缺的构件。我们的节目文稿是专门为气象节目量身定做,构成节目前期制作最重要的项目,在节目制作生产过程中充当"底本"。这样的"底本"对于我们的电视气象节目同样至关重要,而策划、编导就是"底本"的创作者。

4.1 气象节目策划人员应具备的基本素质

4.1.1 新闻敏感度

电视气象节目的主体包括了已经发生、正在发生以及将要发生的所有天气事件和气象信息。我们的气象信息本身就是一种新闻。所以在撰写节目文稿的时候就要求气象编导策划人员具备必要的新闻敏感度。

而新闻敏感度的产生,不仅要求客观事件本身具备新闻价值,(毋庸置疑这一点气象信息已经具备了),还要求新闻工作者能主动去捕捉和挖掘事实的新闻价值。新闻敏感度正是新闻工作者和新闻事实两者相互互动而激发出的灵感和火花。

气象节目的所有制作人员尤其是编导策划人员作为气象新闻敏感的主体,握有捕捉新闻敏感的主动权。一方面要时刻关注天气变化,保持新闻工作者高度的警觉与敏感,尽可能多地捕捉具有新闻价值的天气事件;另一方面是充分运用气象专业知识,对事件的来龙去脉进行深入调查,刨根问底。我们不能忽视常规气象信息的发布工作,要突破"线性报道模式",展开气象信息的全方位解读,由此发挥气象信息的服务性和新闻效应,引导公众科学面对工作和生活。

4.1.2 气象专业素养

电视气象节目具有非常强的专业性——气象。而原始的气象信息一般会有很多的专业词汇,往往不利于观众的理解,也不利于传播,属于惰性信息。节目文稿是为观众而写的,需要完全口语化、高度通俗化。这就要求编导策划人员必须具备一定的气象专业知识,把那些专业性强的气象专业用语"翻译"成通俗易懂的电视语言,把气象知识深入浅出地解释给观众。

另外,编导策划人员不仅要了解全球气候变化趋势,还要熟悉和了解所预报区域的气候状况,了解一年四季、各月以及逐旬的气候平均值、极值情况,这样才能便于比较,发现有价值的气象新闻线索。这也从另一个角度对编导策划人员提出了一定的气象专业素养的要求。

目前浙江省气象服务中心已经开始实施主持人写稿的制度,作为非气象专业出身的主持人来说,要像科班出身的专业预报员一样,全面掌握气象知识有一定的困难。气象节目主持人不一定要懂得天气预报的预报方法及流程,但是要明白什么样的天气会对城市交通、山体滑坡、作物生长(收获)、疾病发生、农业生产等方面带来的危害,并提出防灾减灾措施。也就是主持人应该具备正确解读气象信息的能力、对气象信息的真伪进行逻辑判断的能力、通过适当途径查找公共气象服务与灾害管理气象信息的能力、挑选合适的气象信息作为节目内容的能力。

此外,编导策划人员也应当对现有的制作设备和软件有一定的理解，让节目背景制图和画面设计与文稿内容能更好地结合在一起。尤其是在一些气象科普类的节目中，要通过图片、动画等手段把晦涩难懂的气象原理图文并茂地展现给观众朋友。

4.1.3 良好的沟通协调能力

电视气象节目制作过程不是个人行为，而是一个团队的集体合作过程。编导策划人员作为节目制作的第一环节，不仅仅只对节目的文稿负责，在整个节目的制作过程中，同主持人的交流与合作也非常重要。要把气象节目文稿精确和清晰透彻地传达给主持人，让主持人在节目录制之前有限的时间内对文稿进行消化吸收。同时编导策划人员也要与制作人员有良好的沟通，编导要把自己的想法准确地表述给电视制作人员，让他们能够领会编导制图和画面设计的意图，从而使节目实现声画效果的完美统一。所以我们的编导还应该具备正确的判断能力，要有较强的整体协调能力以及对电视画面较好的鉴赏能力。

4.2 节目策划与选题

传统的天气预报节目基本都是主持人面对着卫星云图或者天气形势图来"指点风云"，播报天气，说的内容大多是本地的天气实况和趋势，气象专业术语过多，天天讲的都是"槽来脊往"这些刻板的词汇，缺乏现场感和交流感，使观众产生距离，甚至看过之后，有人还不知道气象主持人所云何物。实际上，现代人对影视节目的需求通常不再是单一的，而是要求内容是一个综合的整体。我们的电视气象节目不再是简单的天气情况汇报和天气趋势预测，它不是天气公报和学术论文，更不应该是完全以条目或图表形式出现的天气结果；而是融趣味性、实用性、生活化、时尚化于一体的内容。包括气象和生活中的各个方面千丝万缕的联系：健康、饮食、居家、出行、旅游……可以说是包罗万象、气象万千。老百姓最想知道在这个时节、这种天气状况下，他们的日常生活如何能更好地安排。

4.2.1 节目策划与选题

根据不同受众人群的需求,找到相应的切入点和角度,我们可以把同一条气象信息加工成不同的服务信息。同样我们的节目也可以根据服务范围,受众对象不同,有不同的侧重点,形式上也可以多种多样。

1. 选题的基本思路

一般来说,灾害性天气、关键性天气、转折性天气、异常或罕见天气以及节假日期间的晴雨和气温变化都是公众普遍关注的热点,也是解说词中应该突出介绍的重点。具体地,可以按以下五个步骤进行考虑:

(1) 根据天气预报和形势变化的主要特点,明确主要影响系统,确定解说词的基本内容。

(2) 从未来天气对观众生活、生产的影响,考虑是否需要气象服务方面的内容。

(3) 针对前期实况有无异常,或者是否与原先的预报有重大出入,考虑是否需要做些"述评"或说明。

(4) 是不是碰到了某些特殊日期?例如:重大节日、节气、历史上曾发生特大灾或出现某种历史记录的日期……可以适当增加科普知识介绍或增加一些预报内容。

(5) 在天气变化比较简单、解说词内容不多时,要考虑结合实际情况进行气象科普知识介绍。

2. 主题明确,重点突出

天气预报节目在播报每天的天气实况和预报信息之外,还应该根据不同的天气实况与预报情况,围绕天气预报这条主线,抓住社会热点,寻找老百姓最关心的话题,开展有针对性的服务。但是每期节目的热点、中心或主题只能有一个,切忌在节目中盲目堆砌各种不相关联的服务信息,节目中出现的各类信息都应该为这个中心和主题服务,同时围绕中心和主题尽可能增大有效信息量。

4.2.2 典型范例

以下以浙江省气象服务中心2009年和2011年参加全国评比活动的两档节目为例,阐述节目的策划过程。

1.2009年综合天气预报类参赛节目

电视气象节目因为已经确定了"天气"作为节目的中心,所以首先需要保证准确性,然而随着时代的发展观众对节目的要求也越来越高,除了从前对准确性的要求以外,服务性、时效性、科学性、趣味性也成为对目前电视气象节目的新的要求。所以在确定节目选题的时候我们需要兼顾以上四个特性,特别是趣味性和时效性是非常能吸引观众眼球的。而2008年12月25日圣诞节,在杭州滨江区出现的大雾正好具备了这几大特性。

确定了主题,在节目的编排方面,首先,节目策划编导人员选择以实景图片作为开场,接着,制作人员运用动画技术对大雾的成因作了简单的介绍。之后,向大家介绍了一些大雾对我们日常生产生活的影响。最后是常规的短期天气预报。

之所以选用实景图片(图4.1)作开场,是因为制作人员认为再多的文字描述也不及一张美轮美奂的实景照片的视觉冲击力大,而且受到节目篇幅的限制也不可能长篇大论地去描述。通过几张照片的切换首先抓住观众的眼球,让观众感受雾景美丽的同时也引导观众关注到这次大雾的与众不同。

欣赏完图片之后,节目自然而然地把话题转移到雾的成因上,在这一部分,节目制作人员充分发挥动画特效的作用,采用三维动画的方式模拟出了滨江区特殊的地理位置,同时把这次大雾形成的三个条件——辐射、降温、水汽条件,以及近地面逆温层与地形叠加在一起,把大雾的形成过程进行重现,把深奥难懂的气象原理用生动的动画表现出来,再结合主持人解说词的讲解,让观众能非常容易地接受和理解(图4.2),图文并茂地把大雾的形成原因展现在观众面前,起到了很好的科普效果。

第 4 章　节目策划

图 4.1　滨江大雾实景

图 4.2　雾景成因

节目的服务性则通过介绍大雾的影响来体现。雾对人们生活的影响有很多方面,如降低能见度、影响交通等,节目编导策划人员选择了"雾闪"这一不太为广大观众所了解的方面进行介绍

(图 4.3),一方面增添了节目的新鲜感,另一方面节目的科学性也再次得到了很好的体现。

图 4.3 "雾闪"的危害

这期节目播出后不仅得到了广大观众的认可,同时也在 2009 年全国电视气象节目观摩评比活动中得到了广泛好评,并获得了省级天气预报节目二等奖。

2. 2009 年《农情气象站》参赛节目

这一年的为农服务类参赛节目主题选定为连阴雨天气与晴好天气转折。春天是农作物生长的关键时期,天气条件尤为重要,连续 20 多天阴雨天气在历史同期位居榜首,对农业的影响更是不容小觑,无论是农民朋友还是普通百姓都在期盼天气能放晴。这个时候老百姓对于天气的关注度非常高,天气预报的新闻价值也是非常高的。新闻性这一点在这个选题上体现得非常到位。

节目的编排方面,首先通过图表和专家采访的方式,对前期的阴雨天气进行了专业解读。大家都知道降雨偏多,那到底偏多多少,用一张柱状对比图(图 4.4)就能清楚明了地看到了,降雨增多势必造成日照的偏少,紧跟着柱状图之后我们又制作了一张圆饼图,让观众能一目了然地看到这段时间的日照有多稀少。而这样的天气影响到底有多大,农业气象专家的专业意见是最有说服力的,也是广大农民朋友最希望看到的。

图 4.4　累计降水量图

记者邀请农业气象专家直接走进田间地头,进行现场解答(图4.5),不仅抓住了观众的眼球,也大大提升了节目的专业性。之后制作人员在节目中穿插了一段 Flash 动画(图 4.6),配上诙谐幽默的歌词,在《雨一直下》的背景音乐下把这段时间的天气情况、农作物生长情况等各方面的影响生动地表现出来,大大增加了节目的可看性,让原本枯燥乏味的节目变得生动有趣起来,同时抛出"天气到底什么时候能转晴"这个大家最关注的问题。然后在这个时候把未来天气即将转晴的好消息自然而然地引出来,使节目的衔接非常顺畅。

说完天气当然就要说服务了,天气转晴对于农民朋友来说当然是最好的消息,但是接下来要做的事情也有很多,通过图片字幕和主持人讲解,把天气转好之后最需要做的几项工作告诉给电视机前的农民朋友,让他们能把损失降到最低。

图 4.5　农业气象专家现场指导

图 4.6　Flash 动画截图

这期节目的收视率非常高,且服务信息也非常到位,真正做到了把为农服务做到家,同时也在 2009 年全国电视气象节目观摩评比活动中获得了农情类节目二等奖。

3. 2011年综合天气预报类参赛节目

2011年全国气象影视服务业务竞赛规则有了很大的调整,天气预报类节目由原来的自选节目改为限定日期的实时节目。这样一来节目选题在很大程度上就被限制在了当天的天气元素之中。节目制作当天正好是台风"梅花"过境影响浙江省的时候,所以当天节目的主角毋庸置疑就是这朵势力庞大的"梅花"。

台风来临,节目的素材是不缺的,编导策划人员要做的就是在繁杂的气象要素中选出最有代表性又最能吸引观众眼球的素材。在这次节目的编排中,延续2009年的风格,节目的一开始是台风"梅花"影响时的实景视频,狂风暴雨夹杂着摇摆的树干,画面效果极为震撼(图4.7)。这也为本期节目开了好头。

图4.7 "梅花"影响实景

好的开头当然要配上更为精彩的过程才能称之为优秀的节目。在整个节目编排中,编导策划人员比较注重的是翔实,从节目内容方面看,节目围绕2011年第9号台风"梅花"过境这一内容,介绍了"梅花"经过时对浙江省造成的影响(图4.8和图4.9),以及"梅花"远离之后的大概天气情况。整个节目很少使用绚丽和花哨的动画效果和场景,所有图像和数据资料的表现形式都很简洁明了;节目把"梅花"经过对浙江省的影响说得非常透彻,同时重点突出,有详有略。

图4.8 台风"梅花"路径

图4.9 "梅花"影响时大风实况

第4章 节目策划

当然节目的成功必须要有吸引人的亮点,这次节目最大的亮点是舟山跨海大桥的风力预报。首先就节目内容而言,桥面风力预报本身就很独特新颖,可增加节目的可视性和实用性,无疑能够吸引观众的目光和注意力。在背景制作方面,通过静态画面与动态景观的完美结合,把"梅花"过境时舟山跨海大桥上各个测站的风力变化情况清楚明了地展现在观众面前(图4.10),不仅能让观众对表述内容一目了然,还能给观众以视觉的享受,打下很深的烙印。

图4.10 舟山跨海大桥自动站数据

目前随着科技的进步,先进设备的使用,观众对电视节目的要求也越来越高,这期节目编导策划及制作人员压力特别大,既要及时领会电视节目制作手法的变化,也要掌握观众口味的变化。这次节目在2011年全国气象影视服务业务竞赛中还是取得了非常优秀的成绩,获得了省级天气预报类节目一等奖,并且得到了许多兄弟单位的好评。这档节目的成功,很大程度上是由于抓住了很多容易忽视的细节,例如节目色调的统一,动静节奏的和谐,还有灯光和抠像的力求完美。

4. 2011年《农情气象站》参赛节目

随着科技的发展,气象应用软件也在不断革新。如果能将这些新型软件运用到气象节目中来,节目的可视性将会有一定程度的提高。这次为农服务节目运用的是刚刚研发的"农事K线图"。该软件形式跟股票走势图十分类似。K线图中包含的内容有:不同颜色的曲线代表不同温度,输入农作物的代码可以看到农作物生长信息以及天气对其生长产生的影响。侧面是天气实况、未来的天气走势和农事提醒建议。信息量大,内容丰富,并且一目了然(图4.11)。

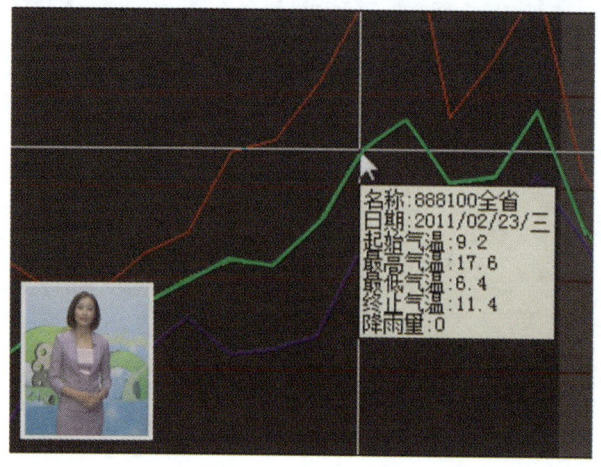

图4.11 农事K线图

农业气象节目在选题过程中,节目编导比较注重灾害性天气对农业产生的不利影响,这样在节目中提前预报能起到很好的服务效果。在这期《农情气象站》参赛节目选题中,还特别注意要具备浙江特色。茶叶就是非常能代表浙江的一种农作物,尤其在春天,明前茶的采摘对天气要求特别高,冷空气、倒春寒都会给茶叶带来不利影响。另一方面,考虑到茶叶的经济效益非常高,气象节目最重要的就是服务,遇到灾害性天气发生,如果能帮助广大茶农挽回一定的经济损失必定是一件事半功倍的好事。所以在这次选题中,编导

第 4 章 节目策划

选择了冷空气即将来临之前作为节目的切入点。重点讲解的是天气情况的预报,冷空气对茶叶的影响,以及一些预防茶叶受冻和补救的措施。

首先通过 K 线图讲解了一下前期的天气情况,冷空气来临之前,气温升高,有利于茶叶的生长。节目中分别对茶叶的长势、当前的采摘情况进行了分析。接下来讲解了今天夜里、明天、后天的天气情况。重点讲到的是今天夜里冷空气马上就要来了。冷空气过境后,雨水止,气温会大幅下降。接下来通过 K 线图未来温度的走势,对茶叶的影响进行了评估并且在服务提示栏讲解了一些补救措施,起到了服务作用(图 4.12)。

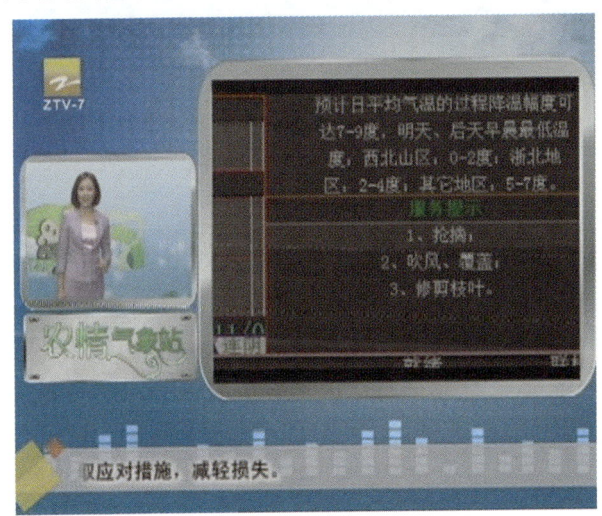

图 4.12 农事建议

《农情气象站》节目在 2011 年全国气象影视服务业务竞赛中获得了省级气象为农服务类节目第六名的成绩。为了做好这次节目,我们单独成立了课题小组对节目进行了研究和分析。首先,节目形式更加新颖,得到了广大同事的认可和肯定,这是一次打破常规天气预报节目的表现形式。第二,节目内容的扩充,更加吸引观众,增

49

加了一些受众群体。第三,这次节目更好地打造品牌价值,可以在日趋激烈的节目竞争中脱颖而出(图4.13)。

图 4.13　节目截屏图

但是,这次节目也存在了一些不足。K线图与电视气象节目结合的这种形式还刚刚起步,它的制作和发展目前还受到技术水平、制作软件等各种因素制约,还有很长的路要走,短期内不可能发展很快,但从长远来看应该是个方向。节目制作组会不断地努力完善,开发利用好"农事K线图"这个软件,使气象为农节目更加实用、有效。

4.3　节目文稿的基本要求

4.3.1　时效性和权威性

原始的气象信息并不属于公众所能接受的常态新闻范畴,常态气象新闻一般以天气事件为载体。天气事件有短时间发生的,如雷电、龙卷风等;也有长期发生的,如高温、干旱等;还有发生后具有长期影响的,如暴雨引发的洪涝地质灾害等,因此,气象新闻资源非常充足。气象编导应当利用自身的专业知识,了解大气环流的发展趋势和变化规律,对即将发生的气象事件尽量做到先知先觉,做到在气象事件发生的第一时间进行及时报道。同时,气象编导还要充分运用气象专业人员独有的气象资料优势,即对天气实况、气候背景、发生原因,以及未来发展方向预测等进行阐述,只有这样才能解释清楚天气事件的来龙去脉,把正确的气象信息传递给观众,体现出气象部门发布新闻的时效性和权威性。

4.3.2 突出重点挖掘新闻价值

一些转折性天气往往是气象领域关注的重点,也是公众最关心的话题,其本身就具有很高的新闻价值。如果天气现象并不激烈,所造成的影响程度有限,在对其进行报道时,在形式上就更要注重挖掘突出的气象要素,重点来做文章。如天气晴朗、气温稳定时,可以从风力、相对湿度等角度入手,对火险等级、人体舒适度等方面进行服务,提高人们对气象信息的关注度。而平铺直叙的气象信息报道局限于专业的气象领域,难以凸显其内在蕴含的新闻价值。

当然,气象编导还要了解影响全国乃至世界范围的重大天气、气候事件,掌握可能影响到本地的天气系统的动向及演变过程。比如台风、冷空气的移动路径以及发展趋势,沙尘天气的覆盖范围是否对本地产生影响等,这些既是媒体和公众关注的热点,也是气象编导捕捉气象新闻的重要着眼点。

4.3.3 文稿用语通俗易懂

在撰写有主持人节目文稿的时候要特别注意,主持人在主持节目时,主要运用的是谈话体。主持人与播音员的本质区别在于主持人交流的方式是人际传播,而播音员是单向传播。人际传播类似于生活中人与人之间的交流。谈话体与生活语言接近,生活语言自然、生动、活泼,而主持人的语言则要有艺术性,主持人文稿的写作就要根据要求灵活多变地运用一定的语言技巧,熟悉各种语言典故、修辞方法、发音技巧,使语言生动、活泼、明亮。同时语言要求简繁得体,雅俗到位。主持人语言切忌烦琐,文稿中要多运用干净的短句,准确地表达、直接地交流。

4.4 各类天气信息的文稿表现方式

4.4.1 灾害性天气

灾害性天气顾名思义对我们的生产生活会产生不利影响甚至是非常大的危害,所以在这样的天气过程发生之前,百姓对天气预报的关注程度尤其高。在这样的特殊时期,做好气象服务工作就至关重要了。浙江省经常发生的灾害性天气主要有台风、寒潮、雷暴、高温等。

1. 台风节目

每年夏天,台风是除了高温外,对浙江省影响最大的天气系统之一,几乎每年浙江省都会受到台风的间接或直接影响,甚至登陆。由于台风影响时,天气会有剧烈的变化,狂风暴雨接踵而来,因此每当台风来临前,百姓对天气的关注程度就会大大提升。这时候节目素材是不缺的,而且还很丰富的。台风来临前,一般气象台会先后发布台风消息,台风警报,台风紧急警报,此外,还有各种预警信息。这些预报信息中一般都包含台风的强度、台风中心的位置、未来台风的走向。如何把这些信息传达给观众,让观众能清楚明白台风的具体情况呢?

直接照搬照抄气象台的预报内容显然是不行的,例如:气象台习惯用经纬度来对台风进行定位,但是对于北纬多少度、东经多少度这样的数字,除了一些专业人士,一般普通老百姓是理解不了的,这个时候我们可以选择一些知名度比较高、比较有代表性的城市地点作为参照物,把台风中心和它们的距离告诉给观众,如:"目前台风中心正位于距离温州东南方向约500公里的洋面上。"这样的表述方式,更通俗易懂。另外,在表述台风的强度时,像风力 9 级,中心气压 950 百帕这样的专业词汇和数据,一般观众同样无法有一个直观的感受,但相对的 40 米/秒的风速,更容易让人理解,或者在节目篇幅允许的情况下,也可以采用对比的方式,比如 40 米/秒的风速相当于一辆速度为每小时 140 公里的汽车,这样观众的感觉就更直观了。当然我们最好能把这样的风力能造成的破坏性告诉观众。除了这些台风本身的信息之外,预警信息和防御信息也是我们节目的服务重点,根据台风的移动路径、速度、强度等,我们要第一时间在节目中告知观众台风来临时的各种注意事项和防御措施。

2. 寒潮(冷空气)节目

寒潮是冬春季影响浙江省较多的一种灾害性天气,寒潮暴发时,往往伴有剧烈的降温以及大风等天气现象。根据气象台的预报信息,我们应在节目中及时向观众告知寒潮(冷空气)的移动和影响情况,一般情况下冷空气都是自北而南先后影响浙江省,这一点从气温的变化上可以非常直观地表现出来,我们要及时关注自动站的气温走势,并通过各地气温的变化情况把冷空气的影响情况直观地告知观众。

例:目前冷空气的前锋已经开始入侵我省,大家可以看到浙北的湖州、嘉兴以及杭州气温已经开始下降,下午 4 点这些地方的气温都已经比中午 12 点下降了××℃,而相比之下浙南地区现在仍然显得很温暖,气温还维持在××℃。

另外,冷空气的强度一般气象台会以降温幅度的方式来表述,但是要注意过程降温幅度是指日平均气温的降幅,这一点在节目中必须清楚明白地告诉观众;除了平均气温的降幅,早晨最低气温的变化情况也是对人们生产生活有重要影响的,尤其是春季倒春寒,当气温降到 0℃ 以下,并有可能出现冰冻的情况时,这样的低温对农业生产会有非常不利的影响,这时候要有针对性地开展服务。

例:冷空气过境之后,××日早晨浙北地区的最低气温会降到

××℃,目前春茶已经开始萌芽,建议农民朋友们及时采取×××等措施,减少冻害发生。

而在冷空气过境之后,我们可以通过对比的方式把冷空气的强度反映在节目中,比如把冷空气前后各地的最高气温进行一个对比,像这样温度的直观对比也能让观众在感同身受的同时有一个数字概念的感受。

例:昨天我们还在享受"春回大地"的温暖,今天这股冷空气又让我们重新体会到了寒风刺骨的感觉。在阵阵北风的打压下,气温完全丧失了上攻的勇气,相比昨天大部分地区15℃左右的最高气温,今天不到5℃的最高气温真的低得可怜。

3. 高温天气

夏季连续的高温是天气舞台的主角,高温本身就是一个新闻点,但是如何在天天相似的信息中提炼出更多不同的新闻价值,是一件困难的工作。首先当然先要对全省各地的气温实况进行一个概括,然后层层递进,通过区域对比的方式来表现高温。

例:今天全省绝大部分地区的气温都超过了35℃,而浙西和浙南的衢州、丽水一带更是超过了37℃,气温最高的丽水青田已经突破40℃。

如出现连续的高温,只是局限在当天的气温实况里,当然是不行的,这样会显得有点单薄,这时候可以选取一个有代表性的城市站点,把这个站点过去一周或者五天的最高气温依次列出来,高温持续了多久就能非常直观地表现出来了。

例:这波高温热浪持续了已经有近一周的时间了,依旧丝毫没有要撤退的意思。像省会杭州从××日开始,连续×天的最高气温都是在35℃以上的,其中××日到××日更是连续冲破37℃关口,今天更是再度刷新高温纪录达到了39.5℃。

有时候高温并不仅仅只有气温的极值一个表现方式,在气温超过 35℃时我们称之为高温天气,但 35℃以上的高温并不只在 7 月、8 月这样的盛夏时节才会出现,其实在浙江 5 月也有可能出现这样的气温极值,这个时候我们可以通过高温时段或者说这一天的温度走势来进行体现。

例:今天一大早天气就显得热力十足,上午 8 点气温就已经爬上了 30℃大关,并一路高歌猛进,在下午 3 点气温更是飙升到了 38℃以上,截至下午 4 点气温在 30℃以上的时间已经长达 8 个小时,并且还会持续,这样持续的高温比短时间的气温飙升让我们更需要耐力。

4.4.2 实况信息

在实况信息的选择上一定要突出新闻性和时效性,比如最高或最低气温打破历史同期纪录,这样才能吸引观众的眼球。同时注意"点"、"面"结合,以"点"带"面"。在总结雨量(气温)的时候,可以先概括一下全省的总体情况,然后重点介绍雨量最大或最小(气温最高或最低)的区域,并可突出介绍出现极值的站点。

例:经过昨天一整天的北风洗礼,省内各地的气温一路下滑,今天早晨纷纷跌破冰点,尤其是浙北地区基本都在零下 3℃以下,像省会杭州的最低气温降到了零下×℃,刷新了有气象资料以来的低温纪录。气温最低的湖州长兴更是降到了零下×℃。

4.4.3 科普类节目

气象节目除了具有新闻性,也有其特定的科普性,普及一些基础的气象科普知识也是非常有必要的。在天气情况较为简单、天气趋势发展平稳的时候,我们可以抓住机会在节目中适时地穿插一些科普知识,如在夏季连续高温时,介绍什么是副热带高压,以及东风系统;在台风来临之前介绍与台风相关的知识;在春夏季雷雨常出现的时候介绍与雷电相关的知识。

例:连续热了这么多天还真让人有些招架不住了,大家开始期盼什么时候能来点冷空气,给我们降降温。其实夏季除了冷空气还有一种天气系统能给我们送来清凉——东风系统。东风系统是……

4.4.4 节假日天气

一些重要节日前后,需结合节日的特点,根据气象台的预报信息,制作相应的节假日天气预报节目。如遇到国庆、春节等长假期,会有大量的朋友外出旅游,可在节目中适当延长预报天数,扩大预报区域,预报的范围可以不再局限于本省,对于一些热点旅游城市景点,也可以进行有针对性的预报服务。

4.4.5 二十四节气

二十四节气中的每一个节气来临前后,应介绍与节气相关的各类知识,如节气的来源与含义,相应节气里当地的气候背景与特点,各类气象要素的极值、平均值等,同时要结合节目录制当天的天气实况和预报,进行相应的生活服务提醒。

例:今天是"小满"节气,进入小满节气我们北半球的白昼变得更长,夜晚更短,气温进一步升高,雨量也会明显增多,俗话说得好:大满小满,江满河满。从字面意思就不难看出,小满节气与降水有很大的关系,以杭州为例,近50年在小满节气里的平均雨量为68毫米,而且今天给小满节气打头炮的也是雨水,只是作为这次降水过程的收尾,今天各地的雨量已经明显减小了,只有浙北的北部和沿海一带雨稍微大一些。虽然下雨多多少少影响到了大家的出行,但天气一下子凉快了下来,今天浙中南地区的最高气温为21~23℃,浙北地区则基本没有超过20℃,风吹过来还有点凉飕飕的感觉。

4.4.6 中、高考天气

每年6月,全国各省(区、市)都会先后举行高考和中考,不仅是应届的考生和家长,社会上各行各业对这两大考试的关注程度都非常高,所以每年考试前后和期间,各类与考试相关的信息都具有很高的新闻价值。天气条件对于考生的复习、休息、赶考路上的交通情况以及临场的发挥都有一定的影响,因此,这个特定时间段内天气预报就更重要。一般在考前都需要制作有针对性的气象服务类节目。如高考期间的气温情况,尤其是最高气温,气温过高,人体感觉过于炎热,会影响考生的正常发挥,应提醒考生和家长做好防暑降温工作;考点也应根据实际情况采取相应措施对考场进行降温。

例:虽然今年的夏天赶在高考之前拉开了大幕,但是对于我们浙江考生而言,天气条件还是比较有利的。高考期间没有高温,也没有大范围的强降水和灾害性天气,阵雨是最近的天气主角,相对来说中南部雨下得会比北部大。今天夜里……考虑到雨水的影响,提醒考生带好雨具,并适当提前出门时间。此外,由于近期湿度较大,感觉上稍微有点闷,考场要注意保持空气流通。另外,衢州的中北部还有可能出现地质灾害,请这一带的朋友要特别注意。

4.4.7 季节性花卉欣赏节目

浙江地处亚热带季风气候,植被丰富,一年四季都有多种时令花卉、树木,例如省会杭州作为国内乃至世界知名旅游城市,这些花草树木也为这些著名景点增色不少,如"灵峰探梅"、"曲院风荷"、"柳浪闻莺"、"满陇桂雨"这些旅游景点都是依托相关的时令花卉植物而产生的旅游项目。1—2月梅花,3—4月樱花、桃花和梨花等,4—5月郁金香,6—8月荷花,9—10月桂花等,在这些花卉的开花时期,我们也应该在节目中进行相应的服务提醒。从最基础的开花率是否适宜赏花,赏花时的天气情况及相关的注意事项,到各类花卉开花的气象条件、气候背景分析,这些都是观众喜闻乐见的。

例:都说八月桂花遍地开,临近中秋节省会杭州四处弥漫着醉人的桂花香。满陇桂雨公园和植物园的桂花开花率都已经达到40%,非常适宜观赏,接下来的双休日天气凉爽舒适,您不妨约上三五好友去赏赏桂花,喝喝桂花茶。

例:最近很多细心的朋友可能在空气中捕捉到了一丝淡淡的甜香,像是桂花开了,没错,的确是桂花开了。但是桂花一般在秋季才会开,现在才 4 月,这让大家都非常诧异。这一反常现象和最近的天气条件是脱不了干系的。一般桂花开花的适宜温度是在××℃至××℃之间,而最近几天杭州的最高气温基本维持在××℃左右,最低气温在××℃左右,正好非常符合桂花的开花条件,这才让一些糊涂的桂花树弄错了季节,让我们欣赏到了桂花的反季开花。

4.4.8 四季交替

首先要区分气象上的四季与节气中的四季是不同的,气象上的四季划分是根据气温的变化来确定的,所以每年都不一样,而老百姓恰恰对这一信息非常关注,所以在季节更替的时候要及时在节目中进行提示,帮助公众对季节变化有比较明确的认识。(注:杭州的平均入春、入夏、入秋、入冬的时间分别为:3 月 24 日、5 月 26 日、9 月 24 日、11 月 27 日)

例:今天全省范围的最低气温相比较昨天略有上升。大部分地区光照还是不错的,阳光照在身上就没前几天那么冷了。很多朋友说,秋高气爽的天气感觉挺舒服的!那么现在的天气到底正式进入秋天了没有呢?拿我们省会杭州来说,预计一直到 23 日,日平均气温都会持续在 22℃以下,省气象台今天发布消息,杭州从今天起进入气象学意义上的秋季。

例:6 月 2 日上海入夏,6 月 4 日宁波入夏,继这两大城市之后,同样位于长三角地带的杭州也终于在近日正式迈入夏季。消息一出很多朋友都感到有些意外,的确少了阳光的热度,夏天的气息实在不够强烈,但事实上,杭州近 3 天的平均气温都超过了 22℃,而且接下来几天气温还将保持稳步上升的趋势,杭州已经满足了入夏的条件,所以这一次夏天真的来了。

4.4.9 养生类节目

四季分明是浙江的气候特点之一,而我们的身体情况则会根据

天气气候的变化不断调整,气象部门不仅掌握着详细的天气实况信息,还对未来天气趋势的发展情况有相对清晰准确的把握。而目前广大观众对健康养生越来越重视,什么样的天气吃什么,做什么都成了大家关注的重点。针对观众的这一需求,我们也应该根据目前天气实况和未来天气的变化趋势做好养生方面的服务提醒。

例:秋高气爽,阳光明媚,这两天可是一年当中舒适度最高的天气了,但是美中不足的是因为受到高层干冷气团的控制影响,空气也变得异常干燥,今天下午3点各地的相对湿度都只有30%左右,面部紧绷,鼻腔干燥,很多人甚至还出现了脱皮的症状。其实干燥也是秋季一大气候特点,这时候建议大家要吃一些滋阴润燥的食物,来平衡阴阳,调和五脏。像小米、莲藕,还有鲫鱼都很不错,喜欢吃零食的朋友可以吃大杏仁,水果中梨当然是不二之选了。

第5章 主持人

5.1 气象节目主持人的语言特色

语言是一门科学,它有着自己的基本理论和表达规律,这是每个语言工作者都不能忽视的。主持人通过语言传递信息、传播知识,与受众进行思想情感的交流。为了使传播交流达到准确和高效,主持人的语言要做到规范、纯正,这是对节目主持人的基本要求。语言更是一门艺术,主持人面对不同的场合、不同的人群、不同的节目类型和定位,就要用不同的语言组织方式、不同的语气和不同的情感来驾驭节目和沟通观众。

5.1.1 电视气象节目主持人的定位

优秀的气象节目主持人,以其鲜明的主持风格和独到的气象文化解读方式,使节目更具可看性,从而备受观众喜爱。但也不可否认,当下有不少气象节目主持人,由于缺乏必备的文化修养和审美判断能力,盲目地追求形式,因此,在主持节目中,要么显得气象知识底蕴不足,语言苍白,只会死背文稿,要么捏腔拿调故作"可爱"。

此外,电视频道专业化趋势,也在呼唤"专家型"、"学者型"的气象节目主持人。电视气象节目主持人不能是"气象盲"而要是"气象通",他不同于一般意义上的主持人,应具有较鲜明的专业特色,贵在突出"气象"二字。观众收看天气预报,并不满足于简单了解气温、风力、阴晴变化和感觉舒适度等情况,还期望主持人真正理解气象信息,用自己的思维语言和情感表达出来,为群众生产生活提供帮助和指导。

5.1.2 气象节目主持语言风格分析

1."居高临下"式

这一类的主持风格早已淡出观众视线。观众看电视是为了满足求知欲、好奇心,图个乐呵,现在的电视节目中,连以往最严肃的新闻都由"讲新闻"、"说新闻"代替"播新闻"的趋势了,更何况是和人们生活工作密切相关的天气预报节目。摆出过于严肃的面孔、说出硬邦邦的话语,即便是真的全心全意为观众服务,恐怕观众朋友们也很难产生共鸣。

最近几年,我国的电视气象节目在不断地修改风格,摸索套路。改版时最早出现的是较为亲切随和的风格,虽然受多年播讲习惯的影响仍然难免显得些许刻板,但这毕竟是电视天气预报自在中国出现以来的第一次转变,作用非同寻常,具有里程碑的意义,有许多的"气象明星主持人"就是从这个时候成长起来的。

2.专家式

即以气象专家的角度给电视观众分析卫星云图,从而把天气为何变化、气温为何上升或下降以专家的口吻和角度讲解出来。虽然这种尝试也是新的样式,观众也较之以前对预报节目更加有兴趣,但观众水平有限,这种专家式的讲解方式难免让观众听到最后有点犯糊涂。记得有次看到某省台的一档气象节目,就是由一位气象专家从头到尾来主持这档节目的,讲的内容非常专业,如高空槽、等高线、切变线……一开始观众可能会觉得很新鲜,但是整个节目看下来,大部分观众会感觉仿佛在听主持人讲天书,无法理解,难免会埋怨,这也是纯"专家式"主持的弊端所在。

3.百姓式

即以百姓的口气、百姓的身份角度主持气象节目。这种风格好处很多,起码观众感觉亲近,减少距离感,即便主持人的语言不十分具有内涵，或许也没有太多让人拍手称快的地方，但多少随了观众的口味，也煞是流行了一段时间。

4. 专家兼朋友式

随着广播电视事业的飞速发展和人们受教育水平的提高，观众的品位也高了，对电视气象节目的质量又提出了新的要求，专家式和百姓式都行不通了。究其原因：主持人毕竟是直接面对观众的，主持人架起了一座与观众情感交流的桥梁，大大地缩短了观众与节目的心理距离。现在绝大部分气象节目主持人都改"播"天气预报为"说"天气预报，即以轻松随和的语调、大方得体的举止，将天气变化和关怀叮咛娓娓道来。但是，我们也应该看到，目前大多数主持人扮演的是代言人的角色，并没有"用自己的声音向观众说话"，机械地背稿，没有融入自己的情感，这也算是个误区，难以形成很好的亲和力。试问这样的主持能让要求越来越高的观众朋友满意吗？那我们应该怎么做才能真正打动观众呢？在这种自找的"困扰"下，"专家兼朋友式"的主持风格应运而生了。

这种主持方法较之以前的要考究得太多了，主持人"吃进去再吐出来"是一种很好的形式，即通过相应的气象知识培训，吸收气象业务理论，每天通过和气象部门预报员们一起会商、研究天气状况，搞清楚气象条件、变化，再以平常的姿态或通俗或幽默的语言将预报形象生动地说出来，如"过去的50年里，在这个时节这里从来没有像现在这么冷"；多用定性描述，少用定量播报，如"最近连绵的阴雨让我们感觉现在好像是春天"；也可多使用一些来源于生活的个性化语言，像"别穿得太夏天了"；此外，要组织好语言，使之脉络清晰，合乎普通观众的思维方式。

目前来看，这种风格是最适合、最恰当、也是最受观众欢迎的，笔者认为现在的气象节目主持风格就应该定位在这里。既要有所"积累"，又要善于从观众的角度出发，从观众的立场考虑，说到观众心里去。2010年年初，浙江出现了持续的阴雨天气，连续阴雨日达到了20多天，由于一开始对雨情了解得不够，每天在做节目的时候总觉得干巴巴的,缺点什么,直到有一次制作组冒着倾盆大雨去了大棚蔬菜地做现场报道,看到路边被雨水浸泡多日已经腐烂的大棚蔬菜,田边三三两两站着的满目愁苦的农民,作为主持人才不禁想到,如果能在节目中增加一些安慰他们、鼓励他们战胜这次涝灾的话语该多好。其实观众看节目需要的不仅是快速、准确的预报数字,更需要一位和他们忧喜与共的主持人,这当中包含着主持人的人文关怀,也正是气象主持人个性化的体现。

5.1.3 气象节目主持语言的艺术性

一切艺术都是为情感服务的,也可以说任何艺术都是情感的一种极致表达,语言艺术同样如此。即使是天气预报节目主持人也不应该放弃对语言艺术的追求。

1. 天气预报节目的语言同样需要富有情感

对于电视节目主持人来说,有声语言的感染力十分重要。因为电视节目主持人在很大程度上要借助于有声语言作为传播信息的载体,他们通过语言传播信息、表达观点;通过语言与受众交流沟通,体现情感、爱心。而造成主持人语言不生动、缺乏吸引力的主要原因之一就是主持人语调平淡、缺乏激情。对于这一点,一些著名的主持人也深有体会,如白岩松曾说过:"人们只有感受到了你的真情,他们才能被你的语言内容真正打动。"而这种情感并非矫揉造作的喜怒哀乐,而是主持人要从内心自然流露出真诚和对观众的尊重。在这里不得不提到一个名词"亲和力"。对于所有的电视节目主持人与观众而言这个词并不陌生,亲和力强不强甚至成为衡量一个主持人是否被观众喜欢、成功与否的核心标志。然而恰恰在亲和力的定义中,就包含了主持人语言的"真情实感"的关键部分,可见情感对于主持人的语言多么重要。

2. 有声语言和副语言的巧妙结合

当然,主持人的语言不仅仅只有有声语言,还有体态语言等一些副语言,二者构成主持人的语言。既然是构成,就不是割裂的,两者要协调配合,相得益彰。对于天气预报主持人来说,有声语言和副语言的配合尤显突出。在众多的电视节目中,天气预报节目主持人在节目中需要同时协调和控制的元素最多。首先,天气预报主持人在主持中始终是站立的,而站立的位置不能像其他节目一样绝对固定,而是要恰当地在镜头前走动起来;其次,天气预报主持人不仅要面对镜头与观众交流,有些节目中还要自己控制好手中的遥控器来切换图片或滚动字幕,指画各种天气符号和线条,同时引领观众朋友们一起与身后的预报图进行交流和互动;此外,最重要的是天气预报主持人还要将眼神、手势和走动等这些副语言恰到好处地与自身的有声语言巧妙地结合起来,完成了这些,才能构成一期合格的节目。

比如说,节目从头到尾主持人只面对镜头背对图形,与观众说话而不与图形交流;或者一直面朝图形讲解而不与观众进行交流。试想,这样的天气预报节目看起来一定很别扭;再或者,嘴上说得再好,而不知道自己的手如何支配、指图时过早或延迟、无法自如,主持人的表达也就不可能顺畅,更不要提情感的恰当流露和拿捏,也就是说,自己的身体都无法做得自如的话,那么有声语言也一定不会自如。要真正做到二者的配合自然流畅,就需要上升到语言的艺术了,而这种艺术又是为情感的表达所服务的。一个眼神、一个手势、一段话、一种语调都是主持人主观情感的一种流露,都是一个主持人语言艺术的体现。而每个主持人的情感倾向和流露又不尽相同,与其视角和话题一样具有独特性和唯一性。唯有个性化的语言方能彰显语言的独特魅力。

正如前文所述,语言是一门艺术。语言艺术是主持艺术的核心。而既然称之为艺术,就有其不可复制的独特性。一个优秀的天气预报主持人不应是天气预报发布的机器,而应是一个有血有肉,有独立思维和见解,能够将主持语言的科学性、通俗性、艺术性有机结合的富有感染力和亲和力的主持人。

5.2 气象节目主持人的外形包装技巧

5.2.1 气象节目对主持人的着装要求

语言是思维和表达的工具,服装也是语言,是一种含蓄地表达某种意义的语言符号。它以色彩、款式、质料三要素构成一种特殊的造型语言,发挥着沟通感情、传递信息的作用。对于主持人来说,服装更是一种无声语言,精心设计的服装体现着主持人的个性,与其他的表达手段一起共同成为主持人表情达意的载体。服装设计和选配是一门学问,节目主持人应该了解服装的语言特性,在此基础上精心选配上镜装,这是主持人形象设计的组成部分,有助于获得更好的传播效果。服装风格也是主持人整体风格的一部分,尽量不要在服装处理方面显得过于随心所欲,服饰的选择也蕴含着可信度。

5.2.2 主持人化妆需遵循的几项原则

1. 气象节目主持人妆面的基本要求

总体来讲,电视气象节目主持人妆面的基本要求就是要突出主持人的亲和力,以淡雅无痕的职业妆为主。夸张的表现手法和过于自然的生活妆都不适合电视气象节目主持人。

在化妆时,不能因为追求主持人的眼睛大、漂亮,就过于夸张地画大眼睛;也不能因为嘴偏大,就用粉饼拼命地遮盖缩小。因为这样做都会在主持人的妆面上留下过多的化妆痕迹。其实,人的相貌并没有完美无缺的,有缺点也很正常,不必过分担忧,可以根据五官正确的比例做适当的修补。

2. 男主持人化妆技巧

随着摄像技术的不断提高,图像的清晰度也比以前大幅度提升,所以男主持人的妆面要尽可能自然清淡、还原本色,不能有太明显的化妆痕迹。男主持人在化妆前需要将胡须剃干净,涂抹润肤露滋润皮肤,粉底的选择上尽量使用和自己肤色相近的膏状粉底,均匀涂抹,薄薄的就好,不用太厚重。有些男主持人肤色较黑,但切记不要使用太白的粉底,这样只会让妆面更不自然,还容易出现"脸白脖子黑"的现象。

有些男主持人黑眼圈比较重,在涂粉底时可用小号粉刷粘比肤色浅一号的粉底来校正黑眼圈的皮肤色。

而眼袋较重时,可用少量比肤色浅一号的粉底把眼袋下方有凹陷的地方涂上,再用比肤色暗一号的粉底涂在眼袋最突出的地方,这样一深一浅的色差,可以起到很好的淡化眼袋的效果。

对于面部轮廓不明显、不够立体的主持人来说,可以适当选用侧影粉来做修正。男主持人的眉毛最好用黑色和灰色的眉笔配合起来用,画出眉毛空缺的部分,但是不要过浓过粗,以免显得太凶,消减主持人的亲和力。

另外,男主持人的皮肤一般要比女主持人更容易分泌油脂,容易造成脱妆现象,男主持人在上完粉底之后可以用散粉来定妆,或者拍摄过程中也可继续使用散粉定妆。

3.女主持人化妆技巧

女主持人妆面要力求清新、亮丽,但不可以过于夸张浓艳。女主持人在化妆之前要将脸洗净,在打粉底之前需要用爽肤水和滋润乳液先护理好皮肤。粉底要涂得清透自然,突出皮肤的质感,可选用与肤色接近型号的粉底液,不要过白,涂完粉底之后可用暗一号的粉底涂于下颌骨、颧骨处,再利用暗影淡淡地修饰,来增加面部结构的立体感。

如果女主持人有眼袋和黑眼圈的问题,解决方法和男主持人的一样,但要注意女主持人的皮肤比男主持人要细腻,在遮黑眼圈和眼袋的时候手法要更轻一些,否则上镜后,眼睛下方会出现半月牙形,显得肤色不均匀。

女主持人的眉毛可用棕色眉笔或眉粉画出略有弯度的眉形,要自然,不要过弯过细,那样会显得比较妖气。眼睛的形状尽量调整成类似"杏核眼"的形状,再配以暖色系的眼影,可以使人看上去比较温柔,但眼线不要过粗过重。嘴唇也最好用暖色系的唇膏或唇彩,一般不需要刻意画唇线,自然过渡,会增加女主持人的亲和力。

5.2.3 主持人发型塑造技巧

在发型方面,可以根据主持人自身的气质和栏目的风格来设计,如果头发颜色过浓黑,上镜会显得层次太少,可以适当地改变一下发色,比如较为自然的深棕色或栗子色,不可选用黄色、红色这些明亮度高的颜色,发色过黄,会显得不健康。还需要定期让发型师修剪出头发的层次感。

主持人在做发型前要尽量将头发洗干净,这样才能将发根吹起来,使头发更加蓬松易造型。男主持人吹好发型之后,可用发蜡抓出层次,或用发胶固定发型;女主持人如果是长发,可以在发根处多喷些发胶来固定造型,发梢则可以少喷或者不喷,这样显得发型会更加灵动自然,短发女主持人可使用发蜡将发根抓起,做出层次后再喷发胶固定。

5.2.4 重大天气气候事件中主持人化妆造型的注意事项

(1)遇到重大天气气候事件或特殊时期时,为了更好地与当时所发生的时间氛围契合,主持人的化妆造型也要做相应的变化。在发生重大事件、人民生命财产遭到重大损失时,女主持人的妆面要清淡素雅,服装要以素色或黑色为主,切忌出现花色或其他夸张图形;男主持人要选择素色或黑色的服装搭配白色衬衫,佩戴素色或黑色的领带出镜。

(2)在重大、喜庆的节日里,女主持人的妆面可以比平时略艳丽一些,特别是春节、国庆这样的日子里,可以选择大红、紫红等颜色艳丽的服装出镜来突出节日气氛;男主持人则应避免穿黑色外套,衬衫最好以浅色为主,领带的颜色可以艳丽喜庆一些。

5.2.5　不同风格栏目中主持人化妆造型的几点建议

1.新闻类天气预报节目对主持人妆面造型的要求

以央视和各省（区、市）《新闻联播》后《天气预报》节目为例，它是出现最早的有主持人的气象节目，一般紧跟黄金时段《新闻联播》节目后播出，因此，节目定位与《新闻联播》比较接近，最强调栏目的权威性，所以主持人的形象要求端庄、大气。

在妆面上，男主持人要力求自然清淡，尽可能还原本色，不可有明显的化妆痕迹；女主持人要淡雅清新，化妆不应过于浓艳。

在发型上，男主持人要求有层次纹理感的寸发，这样显得更具成熟稳重、可信度强；女主持人要求发长在胸线以上，发尾可略弯，突出主持人端庄温婉的气质。

在服装上，男主持人应选择成熟稳重的西装，颜色可选藏青色、深灰色、灰色、黑色等突显稳重一面的色系，而在领带颜色上可选多种颜色进行搭配，但要注意衬衫和领带不宜选用细小的条纹状图案，避免出现频闪的状况；女主持人则适宜选择职业套装，颜色的选择范围比男主持人大，只要注意不与抠像背景和节目背景靠色即可，同时也要注意，套装内搭配的吊带也不能选择细小条纹状图案。

2.时尚资讯类节目对主持人妆面造型的要求

首先以《凤凰气象站》为例，《凤凰气象站》是在凤凰卫视播出的天气咨询节目，相对于其他频道来说，更时尚一些，要求主持人要清新、时尚、大气。根据栏目的风格，女主持人的妆面和造型就要比新闻类的女主持人时尚感更强一些，可以尝试使用小烟熏妆的化妆手法；在发型上，波波头以及时尚的大卷发等都可以尝试；另外，造型独具特色的休闲装以及大气的连衣裙等也可以穿出时尚感。

同属于资讯类的节目，我们再来看看由浙江省气象服务中心制作，在浙江卫视播出的《天气向导》节目，主持人的造型也会略有不同。栏目重点关注各地旅游资讯和时尚话题，主持风格要求轻松、阳光。主持人的妆面除了力求自然外，女主持人的妆面要重点注意眼影上与新闻类天气预报节目的区别,可根据不同服装变换使用更亮丽一些的色系,如亮粉色系、浅咖啡色系、紫色系等。

在发型上,资讯类节目中主持人的发型要做得更显时尚,可以通过增大发型的纹理来达到这一目的。女主持人的发型可以吹得蓬松些。

在服装上,可选择更为休闲些的款式,突出表现栏目轻松、休闲的风格定位。

3.专业服务类节目对主持人妆面造型的要求

在专业频道播出的电视气象节目要在服务观众的同时,配合频道的专业特征。以浙江公共新农村频道的《农情气象站》为例,节目侧重气象为农服务的方方面面,节目内容除了必要的天气信息之外,还要根据季节气候的变化,为广大农民朋友在农事方面提出较为适宜的指导性建议。此类节目专业性比较强,相对来说,主持人就不能穿着或佩戴过于夸张的服饰,在妆面和发型上也要力求简洁、大方、不失亲和力。

再以CCTV-5播出的《天气体育》为例,节目侧重运动健身方面的话题,要求主持人健康、青春、充满活力。在妆面上,眼影、腮红、唇色可以使用粉红色、明黄色系,这样可以使主持人显得更健康、富有朝气。在发型上,也要比时尚资讯类节目更活泼一些,突出运动感,不如扎个马尾辫,刘海可自然偏向一侧,让主持人开朗活泼的气质充分展现出来。

图 5.1 节目截屏图

图 5.1 为浙江卫视《天气预报》《天气向导》节目,浙江公共新农

村频道《农情气象站》节目的截屏图示例。

5.3　气象节目主持人与画面搭配注意事项

主持人与图形图像画面的和谐搭配,是电视气象预报节目画面表现效果的重要组成部分。但是,我们在日常的节目里不时地就能发现一些不尽如人意之处。

5.3.1　主持人站位与画面的搭配

我们听到的最为集中的意见就是"挡图"问题,即主持人在节目录制完成后常常被发现挡住了底图,从而造成天气元素和地理信息表现不完整。

其实,有主持人的气象节目中,主持人取景无论或大或小,或站立或走动,都要挡住天气预报图的一部分。一方面制作人员可以通过略缩画框植入天气图,给主持人让出一小块立足之地;另一方面,主持人要坚持三个原则:

(1)不挡住重要的预报结论和信息。
(2)不挡住一个固定的地区或方位。
(3)善于利用转身指图的时机调整站位站姿,达到及时主动与画面配合的效果。

5.3.2　主持人表情(情绪)与画面的搭配

千方百计为千家万户提供千变万化的气象信息是气象部门的工作宗旨,主持人在传递这些信息的时候也需要练就准确的"表情"元素。

例如,在讲一篇关于台风灾害性的稿件时,有些主持人往往还带着习惯性的微笑表情,一边露出洁白的牙齿或甜甜的笑容,一边给大家演示台风路径或讲述受灾情况,显然,这时的笑脸不但不会令观众感到亲切可人,反而会引起观众的反感和疑问:台风来了,这么多地区受灾了,这位主持人还挺高兴的?可见此时的表情元素运用无疑是失败的。相反地,如果当播放的镜头是风调雨顺,农民田地大丰收的场景,而此时主持人却绷着一张脸,一脸的不高兴或面无表情,观众也会产生不认同的感受。因此,主持人要像对待亲人一样嘘寒问暖,要像对待朋友一样传递关爱,要将现场感受用最准确和亲切的表情(情绪)传达给观众朋友。

5.3.3 主持人服装与画面搭配

主持人的服装需要与画面图形浑然一体,如果色彩融合性不好,就会在色彩上产生一种类似排异反应的效果。例如,身着大红大粉服装的主持人站在以绿色为主色调的背景图中,就非常地不协调。色彩饱和度过高,就使得在抠像过程中服装颜色的还原效果欠佳,另外,衣服上有明显的条纹或横格都会使电视信号出现闪动现象,这些情况都要尽量避免。在这里还需要重点强调以下两点:

1. 着装的连续性问题

有这样一种现象,主持人今天身着鲜艳的红色,明天又身着沉重的黑色,这种服装色彩的跳跃和强烈的反差往往不利于主持人给观众留下一种很连贯的印象,对于形成自己的印象风格也会产生一定影响。第一天着装光鲜亮丽,第二天又以深沉肃穆的形象出现在观众面前,就会给观众的潜意识中留下一种多变的记忆。而这一切变化,又和天气变化本身没有什么必然联系。暖色的服装使人感到温情和欣喜,冷色的服装使人感到庄重和威严,服饰的主观色彩应该与节目相统一。

2. 着装的应时应季

假如一位身材清瘦的主持人身穿一条单薄的无袖白色连衣裙站在冰天雪地的实景图旁边耐心地给大家介绍今天的降雪情况,介绍即将到来的寒冷天气,尽管主持人在暖融融的演播室里并未觉察到有什么不妥,但是细心的观众肯定会对这位美丽"冻"人的主持人顿时产生一种怜香惜玉的感觉,人们会很纳闷儿,主持人都不怕冷吗?

相反,如果主持人身着质地较厚、颜色较深的长袖套装,站在滚滚热浪和骄阳似火的实景画面旁边大谈39℃、40℃高温天气,也会给人感觉不合时宜。要知道,"御寒保暖工作"或者"防暑降温工作"也应该从我做起,而不仅仅是告诫观众。

总之,气象节目主持人的服装与画面之间的搭配要尽量减少不相融的"鸡尾酒"现象,这不仅是一个搭配问题,也是审美能力和品位问题,更是直接关系到节目质量的问题。

5.4 气象节目主持人的气象素养与策划、编稿能力要求

5.4.1 主持人的气象职业素养

我们都知道,与一般意义上的主持人相比,电视气象节目主持人必须具备鲜明的专业特色,即必须突出"气象"二字。与其他主持人相比,气象节目主持人必须是个"气象通",这才是其特色所在。因为现在的电视观众,并不满足于简单了解温度、风力、阴晴变化和感觉舒适度等情况,他们更期望主持人能真正理解气象信息,并用自己的思维语言和情感准确地表达出来,为群众生产生活提供帮助和指导。

作为一名气象节目主持人,首先要熟悉所在地区的气候特色和地理概况,并对其天气系统和经常发生的一些气象灾害性天气了如指掌。在日常工作和学习中,气象节目主持人可以通过参加气象台的天气会商、参加气象知识培训班、向气象专家咨询求证、观看各种与气象有关的纪录片以及国内外优秀气象节目等方法努力积累丰厚的气象知识。想要真正成为一个对观众有用的"气象通",并非一朝一夕便可成就,这需要主持人具有灵活、非凡的思考能力和持之以恒的耐力。

目前在我国,气象节目主持人资质认证模式已经开启,但还处在起步阶段。而在国外,气象节目主持人资质认证和职业培训等都已有了较为成熟的发展模式,可以给我们很大的启示。在美国想获

第 5 章　主持人

得气象节目主持人这个职业必须通过美国气象学会(AMS)举办的天气预报主持人职业资格认证。加拿大气象与海洋学会(CMOS)采取类似美国气象学会的战略和思路,对媒体的气象节目主持人进行职业资格的认证。世界气象组织(WMO)更是提供了一整套完整的气象节目主持人培训和资格认证的框架意见。气象节目主持人的职业规范化,确实在发达国家极大地促进了大众对气象和大气科学以及地球环境等更多知识的了解和认知,他们的气象节目主持人在国家公益事业、媒体市场和老百姓的生活当中真正地发挥着"气象通"的作用。这些作法,对我国气象节目主持人的培养具有积极的借鉴作用。

5.4.2　气象节目主持人的策划与编稿能力

现在的电视栏目要求主持人不仅仅具备好的主持技巧,也需要具有采、编、播于一体的综合素质。目前不少省市气象节目都是由主持人独立写稿或与编导协作共同完成当天稿件,这对主持人又提出了更高的要求,主持人必须从编导的角度出发,准确把握气象热点,需要有精巧的构思、流畅的表达,还要参与节目策划、把握节目基准,可以说主持人就是当天节目的"定调人",他要对节目稿件的方方面面进行整体设计和策划。一篇好的稿件可以调动主持人的积极性,给主持人的表现锦上添花。因此,建议主持人在编写稿件时可以在以下三个步骤上多做考虑:

首先是告诉观众,你想要说什么?其次,在节目中该运用什么方式告诉观众?最后,在节目结束时或许需要一张总结性的天气图表,告诉观众刚才播报的内容大致是什么?在这三个步骤上面反复地练习,你会发现思路更加清晰,这对主持人表达节目内容也会更加有利。当然,这中间也需要编导和主持人加强沟通,互通有无。而且这一点非常重要,当双方在节目内容重点或者表达方式,甚至语流语句等方面发生任何分歧时,一定要及时讨论、沟通。在进行一番分析商讨之后,这样的问题一般都会迎刃而解,会找到一种最适合的方法去表达。有的时候,还可以邀请当天的监制加入其中,目的是能让节目稿件更加准确,主持人表达更加顺畅。事实上,主持人参与节目的程度越是深入,主持节目时越能得心应手。

5.5 主持人的现场直播素质培养

随着电视气象节目的不断发展,目前包括央视在内,有不少电视台或电台都推出了与气象节目主持人现场连线的直播节目。直播节目的特点是现场感和实效性强,主持人在演播室或户外以现场播报的方式将天气信息传达给观众。

一提到直播,有些主持人恐怕会出现忧虑的情绪,总担心自己不能"一遍过",生怕出现忘词、漏词、错词、断错句、"吃螺丝"等现象。在这里给大家几点建议,首先直播前几分钟不妨多做几次深呼吸,调整气息,让身体先放松下来,没有必要过多回顾要讲的稿件内容,给自己无形中施加压力;另外,还有一个诀窍,在直播前一定要把稿件反复研读,按照自己的理解划分出层次,确定最重要的内容是什么,比方说可以问问自己,等会儿在直播过程中我要告诉观众朋友几点内容?是什么?最热的地方是哪里?明天的气温变化?只要把这些不能漏掉的几点在心里反复琢磨,在心里搭好架子,到时候随着天气图片的配合,就能很自然地讲出来。其实,气象直播节目一定程度上也在锻炼主持人的策划和编稿能力。

在户外进行直播连线时,噪音、风等客观环境因素都会影响主持人的表现力,因此,主持人的声音需要比在演播室内主持更富有穿透力,调值可以稍微高一些,特别是在雨、雪、雾、大风和恶劣天气或者一些重大天气气候事件直播的时候,适当调高音调可以与周围环境更加配合,让节目达到真实可信的最佳效果。例如:2003年8月,浙江遭遇罕见干旱,连续多日滴雨未下,人工增雨迫在眉睫。人工增雨作业当天,浙江的气象主播来到了作业现场,提前与气象专家和人工增雨专业部队人员进行了多方沟通、仔细观察、认真选题,就在人工增雨飞机起飞的那一刻,记者配以高亢的语调做出了这样的现场报道:"观众朋友,连续的晴热高温天气使浙江大地降水偏少,旱情不容乐观。我现在位于杭州市笕桥机场,我身后正在起飞的就是装载着干冰、碘化银等催化剂的人工增雨飞机,这也是浙江近10年来首次进行飞机人工增雨作业,我们相信这次的人工增雨作业能够为缓解浙江的旱情起到关键作用!"这样的解说词,再配上人工增雨飞机起飞的画面,既抓住了此次新闻事件的要点,又生动地传递了现场作业的真实感和紧迫感。

浙江是台风灾害较为多发的省份,每到台风季节,追风小组也会在第一时间全副武装奔赴抗台的第一线,为政府决策部门和广大人民群众发回前线的最新台风影响消息及相关报道(图5.2)。那么,在台风影响区域,在千钧一发的时刻,出镜记者往往需要做及时的现场直播连线报道,无论是电话连线还是视频直播连线,这都需要出镜记者具备较高的直播素质,包括素材收集整理能力、心理素质、现场播报能力等。只有在第一时间抓住新闻要点,在短时间内强化整理好各种素材,并以最佳状态表达出现场情况,一般来说完成好这三项内容才算是完成了一次成功的现场报道。

图5.2　台风"海葵"影响浙江时,浙江省气象服务中心记者在台风现场报道

5.6　气象外景主持人能力锻炼

近几年,随着极端天气的增多和信息化社会的发展,受众对于天气的关注度越来越高,人们更加关心预报的准确性和实况的可靠

性,电视气象节目现场报道的发展也随之推进。用敏锐的眼光捕捉新闻线索,用独特的视角解读新闻事件,用真诚的心灵守护新闻传播,是一个气象新闻人的职业素养和职业要求,各类灾害性天气直播节目的出现较好地满足了大家的需求,同时也出现了一种新的气象节目主持人——气象外景主持人,也就是记者型主持人。

5.6.1　知识的积累

记者型气象节目主持人除了应较为系统地学习气象基础知识外,对日常的新闻也应该做到时时关注,多看多听新闻评论,了解每天最新的新闻动态,这对于拓展自己的报道思路、提高自己的报道技巧和逻辑思维能力、积累报道素材会有很大帮助。俗话说"书到用时方恨少",同样"材到用时才知不够",知识和素材都要靠平时的积累。另外,多参与编导工作,梳理了解新闻也是积累自身知识的一种方法和手段。

5.6.2　能力的培养

记者和主播之间并没有不可逾越的鸿沟,相反,这两者之间存在着一些必然的联系。特别是出镜记者的工作状态和主播的工作状态有很多相似之处。出镜记者是适应电视媒介的特性的,是一种可以广泛采用的电视新闻报道方式。尤其是在天气现场,记者出镜对新闻的真实性和现场感会起到不可取代的作用。

1. 勤于观察　独具个性

目前的气象节目大多是在演播室中制作,内容重点是预报未来的天气情况。而记者型气象主持人要求,不仅仅能在演播室里"指点江山",还要能走到风雨雷电中去、走到各行各业里、走到百姓中间去,和一个普通观众一样亲历天气、感受天气、担当起现场记者和观察员的角色。而作为气象主播,在做现场报道的时候就必然要加入对天气的分析和解读,找到气象看点,形成气象特色。同时在不经意间、在细节里,记者型主播真情实感的流露也正是其个性魅力的体现。

2.善于发现　精准表达

中央电视台著名主持人水均益曾说过:"你在现场见到的许多东西对我们和观众来说都是新闻,千万不要熟视无睹。"因此,记者来到直播现场,首先要做的就是了解现场,尽一切可能去发掘,没有现场的出镜是失败的。

了解现场情况之后,如何在最短的时间内把所发生的事情总结、提炼,并在第一时间进行报道,这就对现场记者提出了更高的要求,除了要有迅速了解事情真相、准确揭示事物本质的能力之外,还要求有相当过硬的口才,把现场所见所闻通过凝练,以精彩的语言报道出去。

综上所述,随着电视气象新闻在气象传媒服务领域中地位和作用的日益显现,记者型气象主持人日趋成为气象传媒可持续发展的大势所趋,这也对在演播室里指点风云的气象主播们提出了更高的职业要求。记者型气象主持人要不断加强自身在现场采访、即兴反应、理性思考、文化素养等方面的综合能力,做到对播报现场及其所带来的社会反应进行准确的评点、分析、说理,增加自身贴近百姓的亲和力,在观众心目中建立权威性和信任感。因此,记者型气象主持人必须坚持不懈地努力,通过理论与实践的结合,广泛积累知识,培养各种能力,提高自身素质,促进专业成长。

第6章 气象新闻业务

当今社会,气象与人们生产生活的关系越来越紧密,再加上极端气候事件的日益增多,导致人们对气象新闻的关注度明显提高。各类气象热点事件的新闻报道具有速报性和现场感,因此,深受观众关注和喜爱,是气象影视服务的一项重点工作。将气象新闻视频和图片积极运用于气象节目中,也将大大增加收视效果,提高收视率,取得良好的社会效益和经济效益。

由于气象热点事件具有时间突发性、地点不确定性和转瞬即逝等特征,气象新闻采编靠单方努力很难做到第一时间最快响应。因此,需要铺就电视气象新闻工作网络,壮大气象新闻队伍,将气象新闻的触角延伸到每个角落。

6.1 电视气象新闻的分类

6.1.1 气象灾害类报道

气象灾害一般是由极端性天气直接或间接产生,极端性天气极易上升为气象灾害,在浙江主要的极端性天气有台风、暴雨、寒潮、高温、干旱、雷电、冰雹、强对流、倒春寒、梅雨、雪等。

灾害性天气气候事件,属于气象影视重点报道的范畴,因此,需要密切关注和及时报道。对灾害性天气气候事件,须坚持"第一时间、第一发布"的原则,对事前的预报预警、事中的灾害实况和事后的救灾处置,进行分阶段、全方位的报道。因此,做气象灾害报道时,应该加强对极端性天气的监视。

此外,对气象灾害以外的地质、水文、海洋、生物灾害,如地震、海啸、蝗灾、鼠害等灾害,也应加以留意。

6.1.2 生产生活类报道

与人们日常生活和经济生活密切相关的天气资讯是指发生在各地的雨、雪、雾、霾、大风、降温、升温等天气的预报、实况等。一般性的天气现象虽然不至于构成灾害,但对人们的日常生活(出行、晨练、旅游、健康等)和经济生活(农产品价格上涨、服装销售等)仍会产生一定程度的影响。如2010年4月浙江省气象服务中心制作的新闻"倒春寒—来杭州本地蔬菜价格乱了套"。尤其季节变换过程中的转折性天气,与人民的生产生活关系十分密切,应该加以重视。

6.1.3 重大事件气象保障类报道

重大政治、经济、文化、体育活动,包括省政府会议、商品交易会、展览会、演唱会、运动会等,如2011年第八届残疾人运动会。

重要节日,包括春节、元宵节、清明节、"五一"劳动节、端午节、中秋节、"十一"国庆节以及少数民族的传统节日等;节庆活动,包括群众性节庆活动,如庙会、游园会、龙舟赛、樱花节、啤酒节等。

农事活动,如春耕、麦收、双抢(抢收抢种)、秋收秋种等。

国家级、省市级重点工程建设,如杭州地铁建设、大型水库等。

部分热点新闻事件,如春运高峰、高考、沉船、连环车祸、钱塘江封航等。

以上活动或者事件都不可避免地要受到天气或者气候因素的影响。一般而言,气象部门对以上活动或者事件也都会提供气象影响评估和气象保障服务,应积极加以报道。

6.1.4 气候生态类报道

目前全球范围内呈现出气候变暖的趋势,气候变暖是当前世界各国共同关心的一个重大主题。气候变暖诱发极端天气气候事件,直接影响人类的生命安全、生活质量和生存环境,关系到人类现在、未来的生存和发展。

在全球气候变暖的总趋势下,很多地区会出现气候异常的情况。气候变化与政治、经济、环保、生态等都有很大的关系,值得我们从多方面多角度去进行报道。

对气候变化和气候异常的报道主要有以下方面:一是气候变化和气候异常的具体表现,如冬季气温升高、动物取消冬眠、植物物种北移等;二是气候变化的原因,如工厂大量排放二氧化碳、森林草原等植被减少、城市热岛效应等;三是减缓气候变暖和气候异常的一些措施,如立法减少碳排放量、植树造林增加森林覆盖率、局部地区的小环境改善等。

6.1.5　气象部门行业类报道

气象领域的行业动态包括气象系统的业务体制改革新举措;气象系统业务会议;气象部门对政府决策部门、行业部门提供的气象保障和服务活动;国际性、全国性的气象庆典活动(如:"323"世界气象日纪念活动)等。

气象领域的政策法规包括气象部门颁布的新政策法规,也包括其他政府部门颁布的与气象或者生态环保相关的政策法规等。

气象领域的科技进展包括气象科研部门的新成果、新发现以及气象部门采用的新技术、新设备等;也包括国内气象部门之间和国际国内之间的学术交流等。

6.1.6　气象与社会、历史文化类报道

中国是一个气象大国,气象对中国的社会、历史和文化都产生一些重要的影响,由此产生了中国自己的气象文化,如二十四节气的划分、天人合一的养生观念、关于天气的谚语等。气象文化不仅在人们的社会生活中留下了很多传统习俗,也留下了很多历史故事和遗迹。由于中国是一个气候多样性比较明显的国家,气象文化在

各地的表现也不尽相同。就本省而言,发掘浙江省内各地不同的气象文化,可以丰富气象新闻资讯节目内容,同时也能够增进观众对于当地气候文化的了解。如气象服务中心摄制过的新闻"杭州'小雪'菜入缸　酱鸭腌菜忙"、"谷雨节气被浙江杭州定为法定全民饮茶日"、"嘉兴立夏民俗之野米饭篇"等。

6.1.7　气象景观类报道

彩虹、树挂、海市蜃楼等气象景观具有很高的观赏性,同时也有很强的知识性,具备一定的传播价值。一些与气象相关的奇闻轶事,蕴含着一定的科学道理,同样值得我们关注。

6.2　各类新闻资讯的报道标准

6.2.1　气象灾害类报道

第一阶段:事前——灾害性天气的预报预警

1. 报道要求

影视新闻工作人员在接到气象台发出的气象灾害预报预警后,应在第一时间商讨报道方案。

2. 稿件要素

稿件中应包含预报预警的详情(灾害性天气的类型、级别、范围等),以气象部门向社会公开发布的信息为准。

要报道政府部门和社会公众收到警报后的反应,以及采取的准备措施。

提供部分防御或减轻气象灾害危害的基本常识。

3. 拍摄要素

对本地气象部门进行采访,要搞清楚本次灾害性天气过程的原因和可能的发展趋势。

在气象部门发出灾害性天气的预报预警后,应该对重点区域和重点单位进行拍摄采访,如学校是否放假、市场是否关闭、渔船有没有回港避风等。最好能够采访专家,请专家介绍一些规避同类气象灾害的常识。

例如台风"海葵"登陆之前,浙江省气象服务中心记者和地市气象记者联动,对防御"海葵"进行了全方位报道,涉及渔船回港避风、港口贸易、水产养殖、园林树木加固、人员转移、公共交通服务等各个方面,并尽可能采访了相关专家和负责人。

第二阶段:事中——气象灾害的现场报道

1. 报道要求

对灾害性天气,在已经获得预报预警的情况下,记者应第一时间尽量到现场捕捉灾害性天气实况,并做迅速及时的现场报道。

对气象部门没有提前发出预报的突发性气象灾害或次生灾害,记者应该在获得信息的第一时间赶赴现场进行拍摄,尽可能拍到灾害的现场情况;在没有拍到灾害现场的情况下,应对天气事件的过程进行了解,采访目击者,请他们对灾害发生时的情况进行描述,做全面的调查报道。

持续性气象灾害或次生灾害,应进行连续性的跟踪拍摄,并进行追踪报道。

2. 稿件要素

稿件中应具备灾害事件发生的时间、地点,受影响人群、区域、行业及其影响程度、形成原因、趋势预测、防范措施等基本要素。

稿件中应提供基本的气象要素(如:降雨量、雪深、降温幅度、能见度等)及天气成因(如:冷空气过境等),最好加以通俗化解释。

重点提供事件中的新闻性、细节性要素,如:灾害过程中及受灾后人们对灾害的描述、本能反应和受灾程度;抗灾救灾中的典型人物和事迹等。

稿件中最好能包含记者在现场的见闻和主观感受,如:大风刮得站不住、寒冷给肌肤的刺痛感等。

3. 拍摄要素

视频中应尽可能提供现场画面(全景交代、细节特写)、影响的人及行业的画面(细节特写)、现场同期声。

受灾群众、其他目击者、气象部门或防汛、国土、民政等其他灾害管理部门的现场采访,实在不能现场采访的可以考虑电话连线采访。

要求最好能有记者出镜。

根据实际条件,在无法提供视频或者图片的情况下,采用文稿和电话连线等形式及时提供信息。

每次有重大天气灾害,浙江省气象应急指挥车都会前往灾害第一线,全方位追踪灾害发展过程,大多以记者直播连线的形式,展现灾害现场情况,多次获得中国气象频道的好评。

第三阶段:事后——气象灾害的后续报道

1. 报道要求

在气象灾害发生后,记者应该对灾害的后续影响、抢险救灾等进行积极的关注和持续的报道。

2. 稿件要素

稿件中应具备气象灾害后续影响发生的时间,受影响人群、区域及影响程度、影响细节,政府部门和社会的反应以及采取的应对措施(救灾措施)等基本要素。例如:台风过后的防疫、灾后生产自救、对蔬菜水果价格的影响等。

重点提供产生或消除后续影响的气象因素,如:气象灾害与后续影响的关系;灾害过后容易忽视的影响;有助于减轻或防范后续影响的天气趋势预报等。

稿件中应包含记者在现场的见闻,尽可能提供一些细节的描述。

3. 拍摄要素

视频中应包含现场画面(全景交代、细节特写)、影响的人及行业的画面(细节特写、全景交代)、现场同期声、救灾现场情况。

受灾群众、政府灾害管理部门和气象部门人士的现场采访或电话连线采访。

最好要有记者出镜。

6.2.2 生产生活类报道

1. 报道要求

出现异常天气或转折性天气时,自省气象台或当地气象台发出预报起,各地市气象服务中心应向省气象服务中心上报选题,并对天气过程进行密切监视,并在天气现象发生前后进行及时的拍摄和报道。

2. 稿件要素

稿件中应具备天气过程起止时间、发生地点(省市及重点区域)、对人们日常生活或经济生活的现实与潜在影响、对不良影响的防范、政府部门和社会采取的应急措施等基本要素。重点应该报道对人民生活的影响(如:气温突降感冒患者增多、大雾引发交通堵塞等)。

稿件中应提供基本的气象要素(如:降雨量、雪深、降温幅度、能见度等)及天气成因(如:冷空气过境等),最好加以通俗化解释。

现场报道的,稿件中应包含记者在现场的见闻,尽可能提供一些细节的描述。

3. 拍摄要素

视频中应包含现场画面(全景交代、细节特写)、影响的人及行业的画面(全景交代、细节特写)、现场同期声。

市民(农民)、受影响行业人士或气象部门人士的现场采访或电话连线采访。

建议有记者出镜。

第6章　气象新闻业务

例：

杭州入梅大雨倾盆　部分路段积水严重

受暖湿气流、弱冷空气和台风外围环流的共同影响,昨天杭州刚入梅就迎来了大暴雨,截至今天中午12时,24小时累计降雨量达到153.9毫米。浙江省气象台继昨天发布暴雨黄色预警信号后,今天早晨6时30分又将预警信号升级为橙色。与此同时,今天上午浙江省防汛抗旱指挥部启动防汛Ⅲ级应急响应。

受到大暴雨的影响,杭城部分道路积水十分严重,导致大面积堵车,部分公交线路也由于积水的原因,绕道行驶或暂时撤销部分站点,整个城市交通几乎陷入瘫痪。

图6.1　记者站在积水严重的涵洞里出镜增加现场感

记者出镜(赵琮奇):"我现在是在杭州火炬大道铁路桥涵洞,一天一夜大暴雨之后,现在铁路桥涵洞的积水非常严重,大家可以看到,现在我身后这辆抛锚在积水中的小车只露出一个车顶。受到积水的影响,现在进出铁路桥涵洞的双向道路都已经封闭了。"(图6.1)

记者在现场看到,铁路桥涵洞的积水远远望去如同池塘一般,今天早晨,冒险想侥幸通过的车辆有5辆抛锚在积水中,目前4辆已经被移走,有一辆仍在积水中等待救援。而涵洞的另一侧,抽水泵伴着轰鸣声在不停地作业,但是由于铁路桥涵洞地势比较低,四周路面积水像瀑布一样不停地倒灌下来,积水还在不断地加深当中。

路政部门工作人员:"我们昨天晚上12点(就到了),到现在已经10个小时了,现在四五台抽水泵在抽,抽不完,雨在下,四面雨水都往这里来,抽不完,估计要到晚上才能抽完。"

抛锚车车主:"现在熄火了,发动机进水了,走不了了,只能拖车了,现在10点半了吧,两个多小时快3个小时了,早上6点钟就到这里来了,我看到在抽水,以为水会越来越少,哪知道水越来越多,抽不干,抽的不如水流得快,刚过来的时候最多不会超过50公分,现在最少有一米五了,中间有一米五深了。"

来自杭州交警指挥中心的消息,今天杭城的道路通行情况到中午才有所好转,追尾、碰擦等交通事故频发,保险公司报案率和往常相比增加了160%。截至记者发稿时,杭州的雨已经基本停了下来,但是部分严重积水路段通行情况仍不乐观,市政部门正在加紧排水当中。

6.2.3 重大事件气象保障类报道

1. 报道要求

气象频道鼓励各地上报本地的重大公众活动、农事活动、重点工程、热点新闻事件选题,但在采访和报道时应该尽量紧扣气象影响和气象保障这一中心,避免就事论事,一定要做气象方面的关联和挖掘。

2. 稿件要素

稿件中应具备活动(工程)进行的时间、地点、性质、气象因素对活动或新闻事件的潜在或已发生的影响、对不良影响的防范、气象部门对天气的预测及提供的气象保障服务、政府部门和举办单位采取的应对措施等基本要素。

稿件中重点关注的是气象因素的影响、气象部门对天气的未来趋势预测和提供的气象保障服务。稿件中应介绍活动(工程/事件)

进行期间的天气形势和走向,提供过去的天气资料等背景。

现场报道的,稿件中应包含记者在现场的见闻,尽可能提供一些细节的描述。

3. 拍摄要素

视频中应包含活动(工程/新闻事件)的电视画面、现场同期声等。活动(工程/新闻事件)已受到天气影响的,应拍摄人们的具体遭遇和反应(如衣衫被雨淋湿、蔬菜大棚被风刮倒等);在活动尚未开始前预测天气影响的报道,也可以采用历史资料画面。

要对参与活动的市民(农民)、活动的组织举办方、施工人员和提供气象服务的专家进行现场采访或电话连线采访。

重大活动(工程/新闻事件),派出记者进行现场报道的,应有现场出镜镜头。

例:

第八届残运会气象保障服务圆满成功

为期 9 天的第八届全国残疾人运动会马上就要落幕了,为了做好残运会期间的气象保障服务工作,浙江省气象局专门成立了气象服务保障中心,承担赛会气象保障日常服务(图 6.2)。

图 6.2　摄制组跟随应急车实时报道第八届残运会

在第八届残运会倒计时一周年系列活动、提前比赛、圣火采集和火炬传递活动期间，每天向筹委会保障部提供《第八届全国残疾人运动会专题气象服务》传真，目前已累计服务44期。专门开发第八届残运会决策服务短信平台，每天三次向214名省市有关领导提供气象信息短信，目前已发送万余条。火炬传递期间，传递城市气象部门积极与当地政府、残联、体育部门联系，向各市政府报送火炬传递专题服务24期。开闭幕式和主赛事期间，在残运会指挥中心派驻一名气象专家，实时与组委会实现互通，提供服务。利用广播、电视、气象网站、气象声讯电话以及气象微博等，向社会公众滚动播报赛区各类气象信息。开发了"第八届残运会气象服务专题网"，已于9月底正式上线，按照不同赛区、赛场、赛事提供各场馆精细化天气实况和天气预报服务信息。推进多媒体电子显示系统建设，在黄龙体育中心主要出口新建两套"天博传媒"系统，播发各赛场的温度、风向、风速、降水量等气象信息。

根据比赛场馆分布状况和体育赛事对气象服务的需求，结合杭州市已建的气象监测系统，对赛区气象监测网进行优化完善，新建黄龙体育中心、城北体育公园两套6要素自动监测系统，完善实时气象信息监测平台，实现对赛场气象信息的连续监测，提供杭州主城区14个场馆滚动更新的气温、降水、相对湿度等气象要素预报服务。

第八届残运会气象保障负责人孙佳怡："残运会开幕式是气象保障的一个重要部分，在开幕式3天之前，我们就为组委会提供了残运会开幕式的时段里面是阴天，偶有小雨，对活动没有大的影响的这样一个预报结论，在开幕式最后两天里，每3小时滚动预报，并且最后专门指出了，开幕式的仪式和文艺表演期间没有降水，对活动不会造成影响，为组委会进行最后的筹备工作提供了科学的依据。组委会之前为观众为演员，还有一些大型的设备、道具所准备的一些防雨的措施，在开幕式的时候没有用到，为组委会节省了大量的人力物力支出。"

6.2.4 气候生态类报道

1. 报道要求

记者应密切注意本地气象部门发布的有关气候和气候变化方面的气象服务产品和各类研究报告,并加强对其他媒体上气候变化相关信息的检索;对于本地发生的气候变化和气候异常现象既要有报道,同时也要有分析,针对社会上的不准确言论,提供官方权威信息;应该积极对本地政府部门或者其他单位、个人改善生态环境、延缓气候变暖、改善本地小气候所采取的措施进行报道,同时也要对造成生态环境恶化、气候变暖和气候异常加剧的行为进行揭露。

2. 稿件要素

气候异常或气候变化及其生态、环境影响的报道,文稿中应有气象异常或气候变化的监测与历史资料的主要数据变化对比、气候异常或气候变化的主要表现现象,对人们产生影响的表现形式等要素。

对气候异常或气候变化及其生态、环境影响的报道,提倡采用调查报道的形式。采用调查报道形式的,稿件中应包含记者的调查过程、见闻和感受,尽量提供一些细节的描述。

文稿中一般应有气象专家的分析或观点。

3. 拍摄要素

视频中应有气候异常或气候变暖的主要表现现象的细节镜头(如:气候变暖造成海冰融化等),对生态环境和人类生活的影响也应该主要采用细节表现的形式(如:暖冬里女孩子穿裙子在街上走)。

采用调查采访的,多使用追随拍摄的形式。画面中提供有记者在镜头内的调查过程的镜头。记者也可以面对镜头讲述看到的现象或调查结果。

画面中一般应有对气象专家的出镜采访。

例:

舟山久旱少雨　面临水荒(图 6.3)

截至 5 月中旬,舟山实有蓄水量 4000 余万立方米,比去年同期锐减 50% 左右。目前的市内水库存水,扣除应急备用水外,只能供应到本月底。

自从大陆引水后,舟山海岛居民已有多年安享用水无忧。但记者近日采访发现,面对 9 个多月持续少雨的情况,岛民再次感受到干旱逼近的脚步。

图 6.3　舟山干旱报道节目截图

今早,记者乘船赶到普陀六横岛时,岛上分管水利的工作人员夏戈林深感忧虑。

舟山市六横管委会水利水务科夏戈林:"我们现在所看到的是六横岛最主要的一个供水水库五星水库,这个水库的正常蓄水位有 110 万方,你们现在能看到的这个水只有 13 万方,现在所看到的这片位置就是因为缺水,露出时间已经有半年之久了,草已经生长出来了。我们经过统计,现在水库的现有蓄水量只有正常蓄水量的四分之一不到,所以现在全岛的供水非常紧张。

据了解,六横全岛有居民 6.5 万人,每天用水量最多的时候超

第6章 气象新闻业务

过3万吨,虽然六横岛有整个舟山最大的海水淡化工厂,目前所有工作线早已开足马力,但是日产淡水只有1万吨,对于日渐增长的需水量来说,实在是杯水车薪。"

舟山市六横管委会水利水务科夏戈林:"现在六横镇的供水是两方面的来源,一方面是我们通过海水淡化进行供水,另一个是用现有的水库进行供水,这两者相互调剂目前也只能仅仅维持半个月时间,如果在没有大的降雨来水的情况下,只能是半个月时间。"

缺水的日子,让多年没受干旱之苦的岛民颇不习惯,现在大家用水再也没有以前那么随便了,甚至一盆水都至少要重复利用上两次。

村民采访:"现在全岛缺水我们老百姓都感觉到了,为了节约用水,这些用过的水我们都用桶接起来,一会儿冲马桶的冲马桶,能再洗菜的洗菜。"

另外,受到大旱的影响,普陀的虾峙岛、白沙岛,嵊泗的黄龙岛已经开始从外用船运水,而且随着天气转热,用水量势必增加,预计还有一些水资源缺乏的岛屿,也会很快加入到缺水队伍中来。

舟山今年为什么会出现如此严重的大面积的旱情,究其原因,还是降水实在是少得可怜。

舟山市气象台首席预报员王雷:"从去年8月份以来,我们舟山降水持续偏少,尤其是进入今年以来,舟山的降水实在是太少了,截至今天5月17日,我们舟山定海的降水量也只有177.5毫米,是1954年有气象记录以来最少的一个年份。"

而从各县(区)来看,1—3月的降水量也仅占常年的20%~50%,4月份降水量只有常年平均的30%左右,均创历史同期最少记录。

另外,近几年随着经济社会的快速发展,岛城用水量以每年6%~7%的速度递增。目前,舟山本岛日用水量已突破20万立方米,而且随着气温的升高,用水量仍将快速增长。

舟山市水务局水资源管理处处长陈军:"目前舟山本岛的水按照正常供应速度仅能供应一个月,已经旱到非常旱、非常旱的程度。现在本岛的水稍微补充一点,主要靠境外引水。现在就等梅汛期的到来,看看梅汛期有没有降水,有降水的话稍微给我们缓解一点儿。"

虽然现在舟山本岛用水很大一部分来自大陆引水,但是即使引水泵站 24 小时运行,每天最多也只能从宁波引水约 8 万吨,同时大陆引水还存在着设备运行时间长、负荷过重等潜在风险,况且引水地宁波本身缺水,也已启动抗旱应急调度预案。

面对旱情,舟山市政府每半月召开一次抗旱会议,要求水务部门加强部门、乡镇的衔接与沟通,严格实行水资源统一调度管理,最大限度地利用好本地水资源,同时抓紧实施各项抗旱应急工程,加快大陆二期引水工程进度。

舟山市水务局水资源管理处处长陈军:"可以这么说吧,舟山目前在大旱的情况下,我们局的首要的最主要的任务,就是千方百计确保老百姓的生活用水。"

据了解,目前舟山市十来家海水淡化厂已全部启动,日产淡水 4.33 万吨,缓解了淡水资源的紧缺。

在此基础上,舟山市大力倡导节水理念,要求市民节约用水,目前部分城区已实行定时、减压供水措施,下一步,或将扩大到全市。

6.2.5 气象部门行业类报道

1. 报道要求

气象领域的行业动态、政策法规和科技进展,发生在浙江的,由记者根据其重要性进行拍摄,并传送给气象频道省中心,供各栏目选用。有中国气象局领导参加的国际国内重大行业活动、政策法规发布会、新闻发布会等,各地市服务中心必须跟进采访,并上传。

2. 稿件要素

稿件中应包含基本的新闻要素,同时应按照新闻通稿的基调和口径进行撰稿。

有中国气象局主要领导参加的活动,应提到主要领导。

对于外界理解比较困难的行业用语、技术术语要进行通俗化的解释。

3. 拍摄要素

画面中要有现场镜头的全景和细节特写,要注意拍摄领导镜头。领导可以接受采访时,要对领导进行采访。

6.2.6 气象与社会、历史文化类报道

1. 报道要求

这类新闻由浙江省气象服务中心根据本地的情况进行采访和报道,同时一定要注意本地的地方特色。

2. 稿件要素

文稿中应具备基本的新闻要素(时间、地点、人物等),一般应该有权威专家的解释。

3. 拍摄要素

报道以相关的画面镜头为主,并可以运用视频资料、历史照片等进行报道。

根据需要对专家进行采访,请专家、学者进行权威分析或解释。

例:

传统酱货大家做　热热闹闹过大年

记者出镜(赵琮奇):"大家好,随着春节的临近,我们杭州过年的气氛也是越来越浓了,我们杭州人过年都喜欢吃一点酱货,大家可以从我们的镜头看到,这户人家的阳台上挂满了酱鸭酱鱼,真的是年味儿十足。虽然这些酱货从超市里面都是可以买到的,但是很多土生土长的杭州人都喜欢自己动手来做酱货,今天就请大家跟着我一起去感受一下杭州人过年喜欢做酱货的习俗吧。"

每逢过年,杭州人家的阳台、窗户上就会挂起各种各样的酱货,什么酱鸡、酱鸭、香肠、鱼干……应有尽有。杭州人对酱货的钟爱程度不亚于北方人对饺子的喜爱程度,是过年餐桌上必不可少的传统美食。

市民1:"过年吃的嘛,朋友嘛大家很要好的,都很喜欢吃的,我自己会做嘛多做一点,大家分分吃吃,做了一百多只,大家高兴高

兴的。"

市民2："酱鸡、酱鸭、咸肉都腌着了,22号就是年三十了,过几天就要拿出来吃年夜饭了,一家人都要团团圆圆了。"

市民3："过了冬至就做了,每年都要做的!"

看来过年做酱货是不少杭州人家的必修课,今天,我们也是有幸来到一户人家,和那家主人沈阿姨一起做一下酱货,体味一下杭州别样的过年气氛。

沈阿姨："做酱肉,要过年了嘛,杭州人都喜欢吃酱的东西的,酱肉啊,酱鸭啊,酱舌头啊,很多的!"

沈阿姨告诉我们,其实,做一块让人垂涎三尺的酱肉并不难,在上好的酿造酱油里加上料酒、白糖、香料(八角、花椒等),烧开后凉透,把洗净的肉浸没在里面,三四天后拿出来就可以了。不过,在完成上述步骤之后,你做的酱肉香不香,最最关键还在于天气帮不帮忙了。

沈阿姨："这两天天气不好,(刚酱好的肉)拿出来可能就不太香了,一定要大太阳天,太阳晒过的酱肉特别香。"

6.2.7 气象景观类报道

1. 报道要求

气象奇观属于可遇不可求的自然现象,对于各地特有的气象景观,应根据其往年发生的规律,有意识地进行捕捉和拍摄。

2. 稿件要素

文稿中应具备基本的新闻要素(发生的时间、地点、成因等)。

目击者的描述。

一般应有对现象的分析或解释。

3. 拍摄要素

尽量用摄像机拍摄到气象景观的画面,实在不行也可以运用照片等进行报道。

注意对目击者进行采访。

采访专家,请专家、学者进行权威分析或解释。

6.3 现场报道的基本要求

现场报道是指记者出镜，在新闻现场播报或采访新闻。现场报道和录像报道的不同之处，在于加进了记者的形象，通过记者来主导新闻报道的走向。

6.3.1 出镜记者形象规范

（1）出镜记者仪表形态要端庄、大方，气质形象佳，尊重大众审美情趣和欣赏习惯。能展示积极健康向上的形象和精神风貌，给受众良好的亲和力，具有积极恰当的镜头前表现力。

（2）出镜记者不得染彩发，着装要尽量正式得体、整洁大方。特别注意不要穿英文单词特别明显的衣服、带有某国国旗标志图案或文字的衣服出镜。现场报道时耳环、项链、戒指等过于抢眼的饰品不要佩带；西服、夹克衫一定要系扣或拉上拉链。男性记者出镜不能外穿无袖T恤、背心、短裤、拖鞋；女性记者出镜不能穿吊带、低胸露背上衣、超短裙、拖鞋，不能涂抹指甲油。

（3）出镜记者要精神饱满、充满自信，面部表情要自然，避免表情呆滞。禁止酒后出镜。

（4）出镜记者在工作和生活中要保持良好的仪表和文明举止；不参加任何有损于媒体形象、自身形象的组织和活动；要有公众人物的自觉意识。

6.3.2 现场主持报道的基本要求

1. 了解现场主持报道的作用，不要为出镜而出镜

记者的现场主持报道具有充实新闻信息、引导新闻报道走向的作用，一般充当新闻的开头、结尾和转场。现场报道的开头是记者的独白，介绍新闻事件的概况，相当于新闻报道中的导语，需要介绍时间、地点、简要的天气状况等。结尾处的现场报道要简要陈述新

闻事件的发展走向,并以"中国气象频道记者××在×地为您报道"结束。现场直播时,还要以呼叫"主持人"结束,把话题交回给主持人。用在新闻中间的现场报道一般是应场景转换、话题转换的需要,起转场作用。因此,不能为出镜而出镜,也不能盲目地出镜。一般来说,动态性新闻或事件性新闻适合出镜,而非事件性新闻就不太适合出镜。

2. 选择合适场景,突出现场感

出镜记者要根据新闻题材和报道内容的需要,选择合适的场景出镜。在现场的叙述要与现场的实况融为一体,让观众感到真实可信(图6.4)。出镜开头语要凸显现场感,直接切入正在发生的事件,比如说:"这里是……××事件正在发生。",避免"亲爱的观众朋友"等俗套开头语。

图6.4 梅汛期降水天气时记者现场采访报道

3. 语言表达要流畅准确、简洁明快

出镜记者对报道内容要事先经过组织,用词造句要遵守语法规则,层次清楚,通俗易懂,避免语气生硬。出镜记者做现场报道必须说普通话。

4.摆事实,说背景,讲故事,不要讲道理

出镜报道是"用说的方式讲新闻"。出镜记者是在新闻现场叙述事件,不是在摄像机面前讲道理,一定要叙述紧扣新闻主题的事实,也可以提供一些与新闻事实相关的新闻背景。要时刻牢记"一个好新闻就是一个好故事",提倡有人物有细节的故事化表述,千万不要只讲道理,不说故事。讲道理的出镜片段一律不得编入成片。

5.保持中立客观

出镜词可以叙述记者的所见所闻,客观描述记者在新闻现场的遭遇和感受,但要注意把控自身的情感,隐藏倾向性,尽量站在客观公正的角度叙述事件。

6.符合现场气氛

尤其是在灾难现场要注意与现场氛围的协调,着装要素净,表情要庄重,语气要平缓,讲话内容要体现人道关怀。出镜记者面带笑容或漫不经心表情的出镜片段一律不得编入灾难新闻成片。

6.3.3 现场出镜采访的基本要求

1.记者要与采访对象之间建立信任感。在要提问之前,应该先有个准备,一般来说,时间允许的情况下,可以先与采访对象闲聊几句,以此来松弛现场气氛,并与采访对象建立信任感,才能让采访顺利进行,获得想要的信息。

2.提问之前,对问题的筛选和表达,一定要符合采访对象的身份和学识范围。我们采访的是知情者,问非所知,必然会答非所问。

3.提问宜简洁,将问题设计得简短、明确。要用较通俗的语言表达出意思,深入浅出,尽量避免一些专业性太强的词汇,即使是对专业人士也该如此。

4.提问要具体。具体的发问才能得到具体、有意义的回答。

5.提问要把握主线,适时引导采访对象。

6.提问要"口"、"眼"并用,注意观察。

7.掌握倾听技巧。倾听,是一种技巧,也是记者采访中常用的方法。善于倾听是建立良好人际关系的一种手段,是索取更多谈话内容的一种方式,是集中智慧的一条途径。善于倾听,才能捕捉住对方谈话中的真实意图和目的。

8.要有应变能力。要根据现场情况的变化或者捕捉采访对象所透露的信息,及时调整采访方向,抛出新的问题。

6.3.4 拍摄现场出镜的基本要求

1.使用中国气象频道台标

若无特殊要求,新闻拍摄中记者出镜或采访均应使用中国气象频道台标。

2.记者出镜的地点

即新闻现场,一定要与新闻主题一致。不要在与新闻主题无关的地点出镜。出镜时注意面部光线,最好不要在塑料大棚、有阳光透射的树荫下等场所出镜,以免出现花脸。后景要相对单一,以防分散观众注意力。

3.现场出镜的景别和拍摄角度

出镜记者要位于电视偏右侧,取中景,一般镜头固定在出镜记者腰部,千万不要顶天,要平视觉拍摄,切忌仰拍、俯拍。

被采访者中近景即可,平视镜头或记者;在采访对象回答问题较长时,就要用采访对象单独的近景或特写镜头。

4.拍摄交代性镜头

在拍摄镜头前采访时,首先需要一个交代性镜头,这个镜头要包括记者和采访对象。如果是新闻专访,交代性镜头多半是从记者和采访对象两人的侧面拍摄,采用全景或远景。在现场报道中,因为记者已在开头的独白中露过面,他和采访对象之间的交代性镜头一般拍成越肩镜头。拍摄越肩镜头时,摄像机要处于记者的背后,拍下采访对象正面镜头和记者头部与肩部的一部分。

5.拍摄记者的反打镜头

拍摄一些记者的镜头,一种是"倾听镜头",这种镜头在编辑时用在采访对象回答问题时,表明记者的态度。在拍摄时,把摄像机放在采访对象后面让记者面对摄像机镜头;另一种镜头叫"反向提问镜头",是记者提问的镜头,也是采用从采访对象后面拍摄的方法。

6.间隔过渡镜头

为了后期编辑的需要,需要拍摄一些间隔镜头,用来在后期编辑中作为过渡镜头使用。一般是记者和采访对象的远景,以看不清口型为原则。

7.注意捕捉人物的第一反应

人物的第一反应最真实、最能反映人物的内心世界,是摄像记者应全力捕捉的重点。拍摄时要有预见性地提前开机和适当地延时关机,从而记录人物对外界刺激反应的全过程。

8.同期声的录取

在电视新闻现场出镜片段拍摄过程中,声音的录取与画面的拍摄同等重要。录取声音时注意:

(1)做好充分的准备工作。了解话筒特性,检查话筒、话筒线、电池的工作状态。

(2)摄像机随机话筒一直打开,避免随机性对话时无法录音。

(3)用耳机监听录音效果。

6.4 电视气象新闻采编流程

1.拍摄准备

通过网络等途径主动搜索近日的气象热点新闻,联系相关采访对象,确定是否可以拍摄采访,然后通过QQ群或者电话与中国气象频道新闻组沟通,确定报道方案。检查相关设备是否正常后出发,带好设备,包括摄像机、三脚架、话筒、台标、电池等。

2.新闻制作

根据报道方案,对相关单位和人员进行拍摄采访或者记者出镜,同时拍摄新闻报道所需要的相关空镜。拍摄完毕后尽快进行剪辑、编辑同期声字幕。

3.审核制度

新闻文稿及记者出镜中的气象信息部分,要严格按照气象部门对外发布的内容撰写,其他新闻信息必须取自正规媒体,并注明出处。编辑制作人员要对所做的新闻内容负责,遇省局启动四级以上应急响应命令,所有新闻应交当日值班科长审核,二级以上应急响应命令,所有新闻应交气象服务中心相关负责人审核(图6.5)。

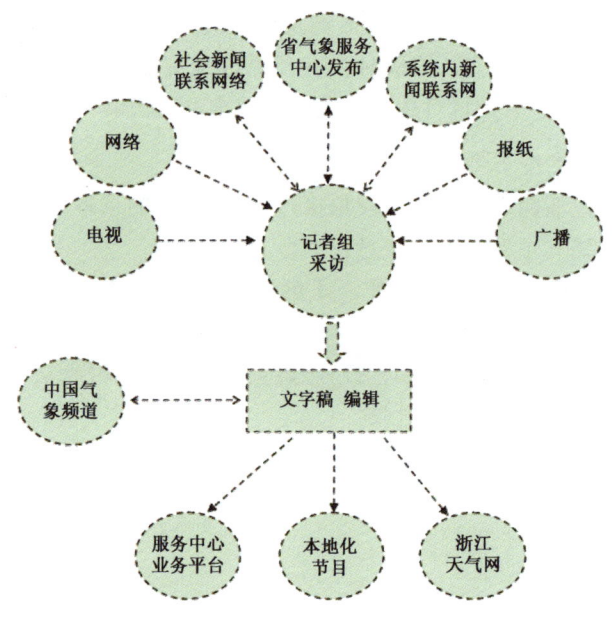

图6.5 气象新闻采编工作流程图

第 7 章 节目质量评价

电视气象节目历经 20 多年的发展，目前全国每天在播的已有 3000 多套节目，竞争日趋激烈不言而喻。电视气象服务是气象部门为广大社会公众提供服务的一种重要表现形式，也是气象事业作为社会基础性、公益性事业的具体表现。我们既要追求电视气象节目的高收视率，也要追求电视气象节目的高满意度，两者达到完美的统一，才能全面评价电视气象服务节目质量和整体水平。

7.1 电视气象节目评价原则

7.1.1 科学性原则

电视气象节目传播的目的就是宣传气象科学、普及气象知识、弘扬科学精神。对电视气象节目的评价，必须严格把握科学性原则。所谓科学性，是指节目内容必须科学、正确、准确，逻辑严密，在传播和展现知识时，不能含糊不清、模棱两可，不能出现知识性的错误，更不应该包括伪科学、反科学的东西。

7.1.2 教育性原则

此处提出的教育性，是以学习为中心的新的教育形态。在媒介发达的今天，教师不再垄断所有的教育资源，学习者赖以获得资讯的渠道越来越多元化。通过电视学习就是一种方便、廉价和实用的渠道。电视气象节目评价的教育性原则，实际上就是为学习者服务原则。多从观众的角度出发，决定节目的选题、样式和风格，同时又要兼顾科学性和知识性。

7.1.3 艺术性原则

如果把科学性原则看作"真"的话，艺术性原则就是"美"。电视气象节目的"美"，一是指内容本身的"美"，不仅重视知识的传递，还应在传递知识的同时重视对观众进行美的熏陶；二是指知识传递技巧的美，让观众享受这种知识传递方式本身带来的身心愉悦；三是节目加工要有一个美的形式。目前来看，与电视剧、文艺片、新闻节目相比，电视气象节目对节目的包装和宣传就不那么重视，编辑手段也比较单一。

7.1.4 收视率原则

收视率是指在一定时段内收看某一节目的人数（或家庭数）占观众总人数（或总家庭数）的百分比。收视率分为家庭收视率和个人收视率，一般而言，家庭收视率大于个人收视率。由此可见，收视率是测量受众多寡的一个参数，它虽然不能完全说明电视节目的传播效果，但它是最易于测量、最方便操作的一个参数。

7.2 电视气象节目评价方法

下面介绍几种常用的评价方法，对所有的电视节目都是适用的。电视气象节目发展到今天，还没有形成一套针对电视气象节目自己独有的评价体系，那么这些方法无疑具有很强的借鉴意义。

7.2.1 收视率评价

电视收视率调查是在一定区域内采用随机抽样的方法。抽取一部分居民家庭（目前国内一般标准是在一个城市抽取 300 户），以抽取的家庭中符合样本定义的常住人口作为记录样本，进行收视情况跟踪记录。以抽样总体收视指标推断全体观众的收视率结果。它是以少数有代表性的样本推论出观众总体反应。收视率调查一般由专门的公司来操作。如中国的央视－索福瑞、美国的 A.C. Nielsen、加拿大的 BBM(Bureau of Broadcast Measurement)、英国的 BABR(Broadcaster Audience Research Board Limited)、法国的 Eurodata TV 等。

收视率调查中有大量信息和数据，进行收视率调查可以得出节目的基本评价——收视的百分比，按百分比排行得出节目的排行榜。尽管这一调查并不全面，却很直接、直观地显示出各电视台、各栏目在市场上占有的份额。

收视率的测量方法有其局限性，现行的收视率调查主要采用日记法。它的最小记录单位是 15 分钟，有效收视时间一般定义是 8 分钟，这样对于不足 8 分钟的电视节目来说，在日记卡上就不容易准确地体现出来。现在有的机构已经采用收视测量仪来调查收视率。收视测量仪可以自动记录用户所收看的频道，经计算机处理得出结果。这种方式可以细分到每秒时间的收视情况，更有针对性、更为精确。

一般来说，收视率与节目内容存在相关关系，节目内容对收视率的变化有很明显的影响作用。但是不可否认，天气状况对于观众收看电视天气预报节目的影响同样很大。天气恶劣、变化快时，收看气象节目的人就多，而天气平稳、变化少时，收视率肯定较低。所以收视率作为电视气象节目的一个量化数据，只是评价节目的指标之一，并不是评价节目的唯一标准。

7.2.2 满意度评价

顾名思义，"满意度"是指观众对收看过的节目的满意程度。它是在参照英国"欣赏指数"(appreciation index)调查的基础上推出的，同时也从中国香港地区电视节目欣赏指数调查中汲取了一些经验，并结合我国的具体国情进行了改进。它的内涵被认为是测量观众对节目质量的评价、对收看过的频道或节目满意的程度。满意度不仅侧重于"数量导向",更侧重于"品质导向",从而有效避免或降低由于时段、竞争、节目类型等因素,给评价带来的负面影响。

满意度调查也有其局限性。目前满意度调查一般采用当面访问填写、当场收回的方式,但调查员在场往往会让被调查人处于非自然状态,有一定压力,被调查人会揣摩调查者的心态,给出一个标准答案,而非心中真实的想法。另外,满意度调查周期长,不能实现对节目的现状做出及时反馈。

7.2.3 专家评价

专家评价就是组织业内有经验的专业人士组成评价小组,根据评价标准(该标准往往也由专家制定)逐项打分的一种评价方法。目前我国大多数省份的电视气象节目质量评价都采用这种方式。这实际上是一种经验评价。由于专家有比较丰富的相关经验,所以由他们为主体进行评价比较能够反映节目的质量,专家评价对节目的改进、完善有较强的指导意义,比较多地用于过程性评价。这种方法操作起来非常方便,成本小。但是也有一定的缺陷,如比较主观,最后的评价结果往往受专家组成员个人意识和集体意识影响较大,而且代表性不够。再加上参与评价的专家往往年龄偏大,难以跟上变化较快的收视心理、品味,有可能会导致节目风格陈旧、形式单一、趋向保守。

还有一种改进的专家评价方法,就是评价小组不仅仅是专家,还吸收了普通观众参与其中,通过使用不同权重来分配各方面的评价在总评价中的比例。这种办法有效地调动了观众的参与热情,考虑了各个层面的意见。

7.3 北京华风气象传媒集团质量评价方法介绍

目前国内对电视天气预报节目的质量尚未建立起一套完整的、科学的质量考核规范。北京华风气象传媒集团根据中国气象局标准化建设的计划,在2011年研发出一套质量综合评价办法,通过统计公式及加权修正法计算出节目的客观评价指标、主观评价指标和经济指标三项指标,修正时段、频道等因素对节目收视的影响,综合考虑投入产出比,定期依据节目质量综合评价规范,统计各栏目的综合测评指数,对节目进行科学的横向和纵向评价分析,以达到科学管理,促进电视天气预报节目质量不断提高的目的。下面介绍一下这种评价方法的主要内容。

电视天气预报节目质量综合评价规范兼顾节目的社会效益和经济效益,由三个一级评价指标构成,分别是:客观评价指标、主观评价指标和经济指标。其中客观评价指标由收视时段贡献指标和满意度指标两个二级指标构成;主观评价指标由主观评价小组评分和观众主动收看意愿指标两个二级指标构成;经济指标由节目分钟成本指标和节目经济收益指标两个二级指标构成(图7.1)。

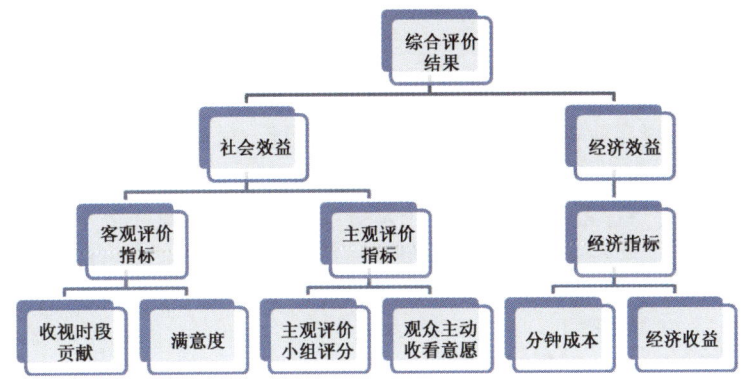

图7.1 华风电视天气预报节目质量综合评价规范框架

7.4 浙江电视气象节目质量评价方法介绍

目前电视气象节目一般分有主持人节目和无主持人节目两种形式。无主持人节目因其形式比较固定,且制作过程简单,没有评价的意义。浙江省气象服务中心在建立节目考评和评价时仅限于针对有主持人气象预报节目。

电视气象节目是为公众提供天气信息，其节目的好坏，质量的高低很大程度上应该由观众进行评价。但是由于观众的意见较难收集，即使开展观众满意度调查，周期也较长，很难针对具体每天的节目进行评价，达不到奖优惩劣的效果。为此我们还是采用专家评审的方式对每日节目进行评价。

为了克服专家评委由于主观性造成评价意见分歧过大的弊端，我们设计了一种评判方法：把节目细化为若干项，分项评分，并且对每项都规定一个分值限额，即该项的满分值，最后计算总分。这样可促使评委从多方面考核节目的质量，虽然具体到每一项的评分仍是主观因素起作用，但在较大程度上减小了因专业背景不同、侧重点不同、欣赏角度不同而造成的评分差异过大的现象，从而提高了评价的公正性。

7.4.1 考核人员组成

对节目质量进行考核的目的是促进节目编导和制作人员增强责任心、提高业务水平，进而提高节目质量。由浙江省气象服务中心聘请部门内外若干专家建立专家库，每月从专家库中随机选取部分人员成立评审小组，对浙江卫视频道有主持人电视气象节目进行评判。

7.4.2 考核原则

节目质量考核分为节目综合评审和主持人专业考核两部分。对节目的整体结构、话题选择、节目编排、文稿撰写、图表设计、画面设计、主持状态、节目创新等多方面综合考评。

1. 节目综合评审：

节目综合评审为 10 分制。标准如下：

(1) 节目内容具有很好的服务性(10 分)

A. 能抓住当前气象热点，主题鲜明；

B. 科普、话题围绕时令，构思新颖；

C. 主持人精神状态良好,亲和力佳,体现服务观众的精神。

(2)表现形式具有很好的可视性(10分)

A. 画面、字幕与讲解内容有机配合,整体策划思路明确,条理清晰;

B. 场景、背景画面设计周到,灯光调节、服装搭配整体协调,音响效果调节到位;

C. 字幕、图表设计合理,色彩协调,通俗易懂。

(3)节目具有很好的规范性(10分)

A. 主持人吐字清晰,语流顺畅,无错音错字和语流问题;

B. 节目磁带基本符合技术规范,项目、内容基本完整;

C. 科技图表处理规范。

节目综合得分为以上三项平均。对于综合得分在8分以上的前三位且单项分不低于6分的节目予以奖励;节目综合得分在6分以下的,予以惩罚。

2. 主持人专业考核

主持人专业考核为10分制。标准如下:

(1)普通话标准、无错音、错字,吐字清晰、语流顺畅,语言生动、有感情;

(2)发型、化妆自然得体,服装大方得体,与节目协调;

(3)手势动作恰到好处,脸部表情自然大方;

(4)精神状态好,亲和力强;

(5)能正确理解文稿,结合自己观点有发挥且效果较好。

以上标准每项2分,五项相加为最终得分。

主持人专业考核分数作为主持人岗位考核组成部分,考评结果将作为主持人晋升和进编等工作的主要依据。

7.4.3 节目创新单项考核

1. 编导改进奖

编导在节目中应用了新的气象科技产品或新的服务内容,并且收到良好反响。经专家评审后确定,给予奖励。

2. 制作改进奖

制作人员在节目背景画面上有改进、更新;对业务流程有简化、提效等改进;在节目中应用了新设备、新技术,经业务检验,可明显提升节目画面质量,提高工作效率。经专家评审后确定,给予奖励。

3. 节目创新奖

对于节目形式、包装、内容等各方面有创新性改进,并且在实际应用中收到良好效果。经浙江省气象服务中心领导和专家综合评议后,给予相应奖励。

参考文献

柴学.2007.电视新闻中的图表现象.视听纵横,(3):59-60.
李沛.2012.多媒体资源库图像数据压缩和存储技术研究.煤炭技术,(6):178-179.
练江帆.2009.业务意识:电视气象编导对日常节目质量的把握.气象软科学,(4):52-54.
刘毓敏,等.2008.数字电视制作技术:设备原理、系统配接与操作.北京:机械工业出版社.
马鹤年.2001.气象服务学基础.北京:气象出版社.
孟建,黄灿.2011.当代广播电视概论.北京:中国传媒大学出版社.
孟群.2010.电视数字制作:融合·虚拟·互动.北京:北京师范大学出版社.
孟群.2012.电视制作技术.北京:中国传媒大学出版社.
秦祥士.2006.气象影视技术论文集(三).北京:气象出版社.
秦祥士.2008.气象影视技术论文集(四).北京:气象出版社.
秦祥士.2008.气象影视技术论文集(五).北京:气象出版社.
秦祥士.2009.气象影视技术论文集(六).北京:气象出版社.
秦祥士.2011.气象影视技术论文集(七).北京:气象出版社.
史可扬.2011.影视传播学.广州:中山大学出版社.
宋英杰.1999.气象节目主持纵论.北京:气象出版社.
田冰,周忠宁,韩隆青.2010.浅谈气象编导在电视气象节目中的作用.青海科技,(5):81-83.
田维钢.2009.新技术时代的电视新闻制作与传播.北京:中国广播电视出版社.
王灏,孟群.2009.电视制作技术.北京:中国国际广播出版社.
王轶,俞卡莉.2009.插画艺术在气象节目包装中的运用.电视字幕,(7):34-36.
谢毅,张印平.2001.电视节目制作.广州:暨南大学出版社.

徐桂梅,高剑锋.2007.气象影视信息数据的组织与检索.内蒙古气象,(2):40,42.

徐国光,1988.电视节目制作技术.北京:中国广播电视出版社.

徐威,李宏虹.2006.电视演播室.北京:中国广播电视出版社.

许作民,等.1990.电视节目制作手册.北京:中国广播电视出版社.

张广梅.2010.气象影视资料数字化归档管理学,统计与开发.气象与环境学报,(2):54-57.

张海潮.2009.电视节目整合评估体系.北京:中国传媒大学出版社.

张联.2002.电视节目策划技巧.北京:中国广播电视出版社.

郑保章.2007.电视专题与电视栏目.北京:中国广播电视出版社.

朱定真,张映丽.2010.我国气象影视人才的现状及其出路.青海气象,(3):47-51.

朱羽君.1989.电视画面研究.北京:北京广播学院出版社.